Sherlock, QUI EST LE COUPABLE ?

Vincent Raffaitin

LAROUSSE

Direction de la publication : Carine Girac-Marinier
Édition : Eléna Chryssos
Conception graphique et couverture : Sophie Rivoire
Mise en page : Tiphaine Desmoulière
Lecture-correction : Nathalie Coët
Fabrication : Marlène Delbeken

Crédits des illustrations :
Boutanox (pages 11, 29, 51, 61, 83, 100-101, 111, 121, 137, 151) ;
Shutterstock/AdobeStock

21, rue du Montparnasse
75283 Paris Cedex 06

ISBN : 978-2-03-600568-6

SOMMAIRE

Vol de preuves 4
Toit et moi 8
Obscure affaire 12
Une famille en or ! 18
Rendez-vous manqué 22
Pile à l'heure 26
L'homme de lettres 30
Personne au bout du fil 36
La température monte 39
Multirécidiviste 42
Allo, à l'eau 48
Bijouterie & receleurs 52
Mauvaise passe 56
Détail mortel 61
Conflits de voisinage 62
Le petit personnel 66
Le pêcheur 72
Panique au marché 75
J'ai tout fait 80
Camera obscura 84
Meurtre à domicile 90
L'art triste 94
Vol au musée 99
Au vol ! 102
Hyde Park 108
Échec et mat 112
Sacrée soirée 117
Alibizzare 121
Question de balle 122
Midi, meurtre en mer 126
Bon appétit, bien sûr ! 132
Le notaire doit se taire 134
Justiciers nocturnes 138
Les amants 142
Galerie d'art 148
Solutions 152

ENQUÊTE N°I

VOL DE PREUVES

En arrivant de bonne heure au commissariat pour boucler quelques dossiers en retard, l'inspecteur Lestrade salue l'officier en charge de l'accueil puis se dirige vers son bureau situé juste à gauche. Là, une bien mauvaise surprise l'attend. Il découvre que la fenêtre de son bureau, qui donne sur la rue, a été brisée pendant la nuit. Quelqu'un se serait-il introduit ici ?

À première vue, rien n'a été touché : les étagères sont toujours pleines de dossiers, le dessus du bureau de Lestrade est bien rangé et la pièce est aussi propre qu'il l'a laissée la veille au soir. Mais c'est en voulant s'asseoir que l'inspecteur découvre le pot aux roses. Sur sa chaise trône une petite figurine en papier, en forme de cocotte.

La tête de Lestrade se met à tourner et des petits points s'agitent devant ses yeux. Cette cocotte, ce symbole, c'est le « cadeau » que laisse le dangereux criminel Peter-Léo, surnommé le tueur de Glasgow, sur le corps de ses victimes. Aussitôt, il ouvre le tiroir de son bureau. Ô grand malheur, le dossier contenant toutes les preuves contre ce fameux tueur, dont le procès s'ouvre dans quelques jours, a été volé !

La raison de l'inspecteur vacille quelques instants. La situation est dramatique. Il parvient néanmoins à reprendre ses esprits, attrape le combiné et appelle ses deux amis détectives.

Quelques minutes plus tard, Holmes et Watson arrivent au commissariat et sont mis au courant de la situation. Sherlock Holmes, qui est responsable de l'arrestation de Peter-Léo, assure à Lestrade qu'il va tout mettre en œuvre pour que le criminel soit traduit en justice comme prévu. Il décide, avec l'aide de Watson, d'interroger les trois officiers de police qui étaient de garde cette nuit au poste. Ils sont interrogés dans le hall, chacun leur tour, les deux autres étant consignés dans leurs bureaux respectifs pour qu'ils ne puissent pas communiquer.

L'agent matricule B-24 était à l'accueil toute la nuit. Il explique aux deux détectives que le commissariat reste ouvert 24 h/24, mais que de 21 h à 7 h 10 il faut sonner la cloche pour que quelqu'un vienne ouvrir la porte. L'agent précise qu'il a pris son service à 20 h et qu'il s'apprêtait à rentrer chez lui. Il affirme n'avoir jamais quitté son poste, même pour fumer la pipe, et que personne n'a sonné cette nuit.

L'agent matricule B-35 était affecté en deuxième partie de la nuit, entre 2 h et 7 h, à la ronde autour du commissariat. Il explique à Holmes qu'il met environ 15 minutes à faire le tour du pâté de maisons. Il n'a rien remarqué d'inhabituel ; il y a peu de monde dans la rue à cette heure-ci. Il avoue que, pour ne pas trop s'ennuyer, il s'occupe comme il peut en nettoyant le trottoir aux abords directs du commissariat, dans l'espoir de trouver quelques pièces abandonnées par leurs propriétaires. Mais cette nuit, la « récolte » fut maigre : seulement deux ou trois boîtes de conserve vides, quelques papiers, du verre brisé et le journal datant d'il y a trois jours. Rien de très intéressant.

L'agent matricule B-72 assure ne pas avoir quitté la salle des archives située au sous-sol. Il était en charge du tri et du classement des affaires terminées. Ayant beaucoup de retard, il est resté toute la nuit pour finaliser sa tâche ; il n'a pas eu l'occasion de quitter son poste. Il avait même amené de quoi se

restaurer et s'était organisé un petit coin sieste dans le fond de la pièce. Vu le nombre de boîtes scellées et étiquetées qui sont disposées sur la table, l'agent n'a pas ménagé ses efforts cette nuit.

Après les interrogatoires, Lestrade fait toujours grise mine et est fort dépité. Aucun des agents présents sur place ne semble avoir vu quoi que ce soit. La conséquence directe est qu'il sera impossible de retrouver le dossier volé et le tueur ne pourra pas être jugé, faute de preuves. Il continuera ses tueries en toute impunité.

– Inspecteur, dit Sherlock d'un ton grave, j'ai le regret de vous annoncer qu'au moins l'un de vos agents est à la solde de Peter-Léo.

Qui Sherlock soupçonne-t-il ?
Et pourquoi ?

ENQUÊTE N°2

TOIT ET MOI

Sherlock Holmes et John Watson remontent d'un pas assuré l'allée centrale qui mène à la grande demeure de Lord Brigston.

– Mes chaussures sont dans un état épouvantable, lance Watson en désignant ses mocassins pleins de boue.

– Il a plu une bonne partie de la nuit, vous auriez pu y penser et mettre des bottines, mon cher, répond Holmes avec un certain amusement.

– Avec le beau soleil que nous avons depuis ce matin, je n'y ai même pas pensé !

Quelques instants plus tard, l'inspecteur Lestrade accueille les deux hommes dans l'entrée.

– Bonjour messieurs, merci d'être venus aussi vite.

– Que s'est-il passé ? demande Watson. Vous avez été particulièrement succinct, au téléphone.

– Eh bien, répond Lestrade, ce matin, la bonne de Lord Brigston ne s'est pas levée à l'heure. Selon son employeur, cela lui arrive de temps à autre.

– C'est bien vrai, interrompt le lord, j'ai eu beau l'appeler plusieurs fois, elle ne répondait pas. Bien qu'elle ne soit pas très compétente, j'ai tout de même trouvé cela étrange. Midi arrivant, j'ai décidé d'aller la chercher moi-même et je l'ai trouvée étalée sur le sol. Certainement morte d'une crise cardiaque.

Holmes se tourne vers Lestrade.

– Inspecteur, pourquoi nous avoir fait venir dans ce cas ?

– J'ai un mauvais pressentiment sur cette affaire. J'ai besoin de votre œil avisé. Venez, la victime est à l'étage.

– À qui sont ces chaussures ? demande Holmes en désignant une paire près des escaliers qui mènent à la chambre de la bonne.

– À la bonne, répond Lord Brigston. On aurait dit qu'un éléphant sautait sur mon plafond tant elle faisait du raffut une fois dans sa chambre. Je lui ai donc interdit de monter à l'étage avec ses chaussures.

ENQUÊTE N°2

– Encore une question, reprend Holmes. Qu'a-t-elle fait avant de monter dans sa chambre hier soir ?

– Je lui ai ordonné de vérifier que toutes les fenêtres de la demeure étaient bien fermées. Cette étourdie était bien capable de laisser une fenêtre ouverte sans s'en apercevoir ! J'espère que sa remplaçante sera plus maligne.

– Je vois. Merci Lord. Nous pouvons monter à présent.

Après quelques minutes passées dans la chambre, Sherlock Holmes fait arrêter Lord Brigston pour meurtre. Pourquoi ?

ENQUÊTE N°3

Obscure affaire

Ce matin-là, une personne frappe à la porte du 22IB. Sherlock, en pleine écriture, ne daigne même pas lever la tête et intime à Watson d'aller ouvrir.

– Bonjour inspecteur, dit John après avoir entrouvert la porte. Je vous en prie, entrez.

– Bonjour Watson, bonjour Holmes, dit l'inspecteur d'un ton contrarié. Je suis navré de vous importuner une nouvelle fois, mais cette affaire est assez délicate. J'ai beau tourner tous les indices en ma possession dans tous les sens, je n'y comprends rien.

– Que se passe-t-il, inspecteur, que vous ne pouvez résoudre sans notre aide ? dit Holmes d'un ton moqueur.

Lestrade ne prend pas la peine de relever cette attaque et s'installe dans le canapé de l'appartement.

– Hier soir, vers 23 h 50, nous avons reçu un appel de M. Livingston qui, en revenant d'un dîner mondain, s'est rendu compte que son appartement avait été vandalisé et qu'une statuette égyptienne, représentant la déesse Hathor, avait été dérobée. Selon son estimation, elle vaudrait dans les… (Lestrade fouille dans ses notes) environ vingt-cinq mille livres. Mais c'est surtout sa valeur affective qui attriste le propriétaire.

– Sans aucun doute, répond Holmes avec un petit ricanement.

– Toujours est-il que je dois retrouver cette statuette et que je n'ai pas la moindre piste. Auriez-vous un avis sur la question ?

– Je crains de ne pas avoir le temps, dit Holmes sans lever le nez de son document, mais Watson se fera un plaisir de vous aider. N'est-ce pas Watson ? Merci Watson, continue-t-il sans laisser à l'intéressé le temps de répondre. Bonne chance !

N'ayant pas vraiment le choix, John attrape son pardessus et part avec l'inspecteur Lestrade en direction du domicile de M. Livingston.

M. Livingston habite au troisième étage d'un bel immeuble au centre de Londres. C'est une sorte de résidence surveillée. Sur chaque palier, il y a une porte qui donne accès à un couloir et à quatre appartements. Cette porte, verrouillée, n'est accessible qu'aux propriétaires desdits appartements.

– Hum, je vois, dit Watson à Lestrade. Aucun signe d'effraction visible sur la porte de l'étage. Cela ne peut signifier qu'une chose : c'est l'un des trois autres propriétaires qui a fait le coup.

– Oui, mais selon mon enquête préliminaire, ils ont tous un alibi très solide, répond Lestrade.

– Pourrions-nous les interroger de nouveau ? J'aimerais me faire ma propre opinion, demande Watson. Un détail leur est peut-être revenu !

– Essayons, nous n'avons pas grand-chose à perdre.

Lestrade frappe à la première porte, celle de l'appartement de Mme Antoro, qui visiblement s'était assoupie.

– Rebonjour inspecteur, en quoi puis-je vous être utile ? Oh, vous avez amené votre adjoint ! Enchantée, monsieur. Vous avez d'autres questions à me poser ? J'aurai sans doute les mêmes réponses à vous donner. Je n'ai rien vu, rien entendu. Je vous l'ai déjà dit, j'ai passé une partie de la nuit à observer les étoiles depuis mon balcon et, le reste du temps, je dormais avec mes bouchons d'oreille. C'est fascinant tout ce que l'on peut apprendre en regardant le ciel. Ce que je préfère, c'est observer la Grande Ourse et le Centaure, ce sont des constellations magnifiques. Vous regardez les étoiles, vous, inspecteur ? Et vous, monsieur ? J'imagine que vous n'avez pas vraiment le temps, mais vous devriez le prendre pour découvrir ce qui nous entoure ; c'est tellement vaste, tellement envoûtant. Dans tous les cas, si vous avez d'autres questions, n'hésitez pas !

Puis, en souriant, elle referme la porte sur les deux hommes, qui restent bouche bée.

– Elle est un peu… bavarde, cette brave dame, dit Watson au bout de quelques secondes.

– Un peu… oui.

Puis ils se déplacent vers la deuxième porte. Lestrade toque, mais personne ne répond.

– Étrange, dit-il. Le jeune homme qui habite ici, M. Pugin, m'a certifié qu'il resterait à son domicile pour attendre une livraison. M'aurait-il menti ?

– Ou peut-être s'est-il absenté quelques instants pour faire une course, dit Watson.

– Peut-être… peut-être, répond Lestrade dubitatif.

Lestrade et Watson frappent à la dernière porte. Le propriétaire, M. Robin, accueille les deux hommes assez sèchement. Il semble qu'il n'ait pas vraiment le temps pour répondre à un second interrogatoire. D'autant qu'il ne sait rien de plus qu'avant. En jetant un œil à travers la porte ouverte, Watson remarque sur la cheminée une statuette égyptienne représentant une divinité à tête de chacal.

– D'où provient cette statuette ? demande-t-il d'un ton acerbe en pointant du doigt l'intérieur de l'appartement.

– C'est une œuvre qui appartenait à mon grand-père, répond l'homme indigné.

– Ne l'auriez-vous pas plutôt trouvée chez votre voisin de palier lors du cambriolage ?

– Pardon ? Veuillez m'excuser, mais de quel droit osez-vous m'accuser de la sorte ?

Soudain, on entend quelqu'un rire à gorge déployée dans les escaliers de l'immeuble, puis des bruits de pas, et, enfin, apparaît dans l'encadrement de la porte du palier Sherlock Holmes en personne.

– Mon cher Watson, dit-il en continuant de rire, vous avez un don pour la comédie ! Inspecteur, ne cherchez plus, je sais qui a commis le cambriolage.

Qui Holmes soupçonne-t-il d'avoir cambriolé l'appartement ?

ENQUÊTE N°4

UNE FAMILLE EN OR !

Dans la cheminée de l'appartement du 221B Baker Street, les flammes dansent et le bois crépite. L'hiver fait rage dehors, les températures en dessous de zéro rendent les trottoirs glissants et bloquent une partie de l'agitation londonienne. Mais il est une activité lucrative qui ne connaît pas de répit : le cambriolage de banque ! C'est en tout cas ce qu'explique l'article qui passionne Watson. Bien emmitouflé sous un plaid à carreaux, un fait divers l'intrigue.

– Écoutez cela, mon ami, dit-il à Holmes. « La famille Wilson au grand complet a été arrêtée après le braquage de la banque centrale de Reading. Cette famille – composée de Robert, le père, Mary, la mère, Paul, le fils de 19 ans, et Sarah, la petite dernière âgée de 9 ans, chétive, pesant à peine 33 kg – est présumée responsable du cambriolage de six banques depuis près d'un an. Ils sont appelés " la famille en or " car ils dérobent exclusivement des lingots d'or Good Delivery, à 99,5 % de pureté et d'un poids de 400 onces, soit 12,4 kg. Étrangement, ils ont tous été retrouvés les mains vides, alors que la porte du coffre-fort, elle, a été retrouvée grande ouverte. Selon la police présente sur les lieux, il manquerait des lingots d'or ; l'enquête reste donc toujours ouverte. »

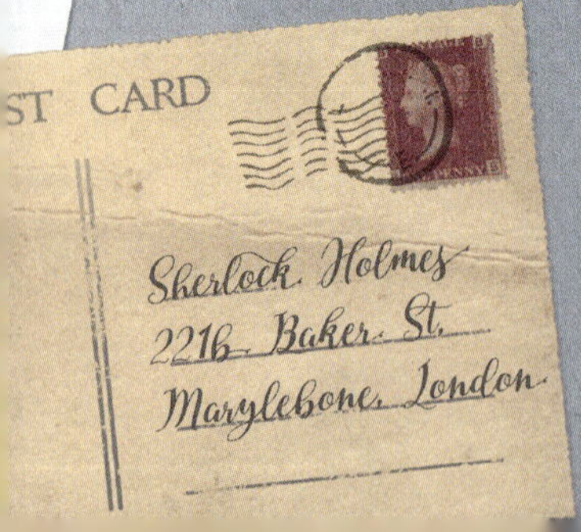

– Hum… dit Holmes en regardant Watson les yeux dans le vague. Intéressant… Préparez-vous, nous allons à Reading, mon ami !

– Quoi, maintenant ? Mais il fait un froid glacial ! rétorque Watson, qui n'a pas la moindre envie de quitter la douce chaleur émise par la cheminée.

– Oui, maintenant ! Cela fait trop longtemps que nous n'avons pas résolu d'affaire. Si elles ne viennent pas à nous, nous irons à elles ! dit Sherlock d'un ton jovial.

Au bout de quelques heures de voiture, transi de froid, Watson distingue la lueur de la lanterne extérieure du commissariat de Reading.

Les deux hommes pénètrent dans le bâtiment. Holmes demande à voir l'inspecteur en charge de l'enquête, qui se fait une joie d'accepter l'aide de l'illustre détective. Holmes exige d'abord de voir la famille Wilson. Ils sont tous les quatre dans des cellules séparées. Sherlock pose un tabouret en face de la première cellule et observe en silence le père pendant quelques minutes. Il sort un calepin, note quelques informations (père : 1,80 m, 98 kg, cheveux bruns, yeux noirs) puis se lève, réitère l'opération face à la mère et, au bout d'une dizaine de minutes, note les informations

suivantes : 57 kg, 1,60 m, cheveux châtain clair, yeux noirs. Puis il s'assied devant le fils et fait de même : 19 ans, 74 kg, 1,75 m, crâne rasé, yeux marron. Il décale ensuite le siège vers la cellule de la jeune fille et se tourne vers Watson.

– Vous avez pu observer la manière dont j'ai analysé le comportement et l'aspect physique de ces suspects au cours de la dernière demi-heure. À vous de jouer à présent, mon cher Watson. Observez cette jeune fille et notez toutes les informations importantes.

Watson s'exécute et se place face à la cellule. Les minutes passent et les ratures s'enchaînent sur son petit papier. Après un instant, il se lève et montre à Sherlock ses notes. Ce dernier hoche la tête et retourne auprès de l'inspecteur local.

– Inspecteur, pourriez-vous nous emmener sur les lieux du délit, je vous prie ? En chemin, racontez-nous comment vous avez arrêté cette famille, demande Holmes.

Tout en marchant dans le froid hivernal, l'inspecteur explique que le père a été retrouvé dans un tunnel creusé sous la banque. Sur le chemin, il y avait eu un affaissement. Ils ont décidé d'y poser une planche pour continuer leur avancée. Le père fermait la marche lors de l'évasion et la planche s'est effondrée sous son poids. Apparemment, il n'avait aucun lingot sur lui, car rien n'a été retrouvé dans le trou hormis sa personne, inconsciente.

– Et le reste de la famille, comment a-t-elle été arrêtée ? demande Watson en claquant des dents.

– Ils se baladaient les mains dans les poches aux alentours de la banque, comme si de rien n'était. Ils n'avaient rien sur eux. Étrange, n'est-ce pas ?

Les trois hommes entrent dans la banque et arrivent dans la salle du coffre-fort.

– Messieurs, nous devons connaître le nombre de lingots qu'ils ont pu emporter, pourriez-vous nous aider ?

– Mais bien sûr, mon cher monsieur, dit Holmes d'un ton amical. Watson, grâce aux notes de mon carnet, c'est vous qui allez découvrir la vérité !

– Vous voulez dire que cela fait partie de ma « formation » ? Mais je ne suis pas sûr de réussir…

– Mais enfin, mon cher Watson, faites un effort !

Combien de lingots ont quitté la banque et combien chaque membre de la famille en a-t-il pris ?

ENQUÊTE N°5

RENDEZ-VOUS MANQUÉ

– Watson, vous pouvez enlever votre pardessus, dit Holmes à son ami. Vous ne pourrez pas quitter l'appartement avant d'avoir jeté un œil à ce dossier.

– Je suis désolé Sherlock, mais j'ai rendez-vous avec Mlle Ruthra à 14 heures. Nous devons aller prendre un thé, c'est prévu depuis un petit moment. Il me semble même que j'avais indiqué dans notre carnet d'organisation que j'étais indisponible cet après-midi.

– Tout à fait ! Mais rassurez-vous Watson, tout est sous contrôle. J'ai prévenu Mlle Ruthra que vous étiez indisposé à cause d'une vilaine grippe assez contagieuse. Vous avez donc votre après-midi de libre ! Venez étudier ce dossier, je vous avoue que j'ai besoin de votre aide.

Watson fronce les sourcils, agacé des libertés que peut parfois prendre Sherlock avec sa vie privée. Quand il pose la main sur la poignée de la porte, Sherlock, assis dans son fauteuil, lui dit :

– Inutile de perdre votre temps, Watson, elle est fermée à clef. Et ne fouillez pas votre poche pour chercher votre trousseau, j'ai changé la serrure.

Dépité et voyant qu'il ne pourra pas s'échapper des griffes de Holmes, Watson ôte son manteau et s'affale dans le fauteuil devant son ami, qui lui tend un dossier.

– Voici la description d'un vol, dit Holmes d'un ton jovial, ravi du succès de son opération. À l'intérieur, vous trouverez le récit du cambriolage ainsi que la description des trois suspects et de leurs alibis. Votre objectif est simple : trouver le coupable en un minimum de temps.

Watson ouvre le dossier et commence sa lecture. Le rapport de police indique que, pendant ses quelques jours de vacances, M. Robin s'est fait dérober une magnifique statuette dans son appartement londonien, non loin de Buckingham Palace. Aucun signe d'effraction apparent sur la porte. Selon la gardienne de l'immeuble, seules trois personnes sont venues rendre visite à M. Robin durant son absence.

ENQUÊTE N°5

Le premier suspect est M. Patrick Jevou, ami de la victime, marié, deux enfants, de grande taille. Selon lui, il était chargé de venir arroser les plantes au moins une fois tous les deux jours pendant l'absence de M. Robin. Lors de sa première visite, il s'est rendu compte que son ami ne lui avait pas laissé la clef de l'appartement sous le paillasson comme à son habitude. Il n'est donc jamais entré.

Le deuxième suspect est M. Henry Zaibhi, le tailleur de la victime. La quarantaine, un peu d'embonpoint, il est venu avec un complet pour un essayage. Personne n'ayant ouvert la porte, il a laissé une carte de visite avec un petit mot pour que M. Robin reprenne contact avec lui. La carte de visite du tailleur a d'ailleurs été retrouvée sur les lieux.

Le dernier suspect est un célèbre traiteur asiatique installé dans les quartiers huppés du centre de Londres. M. Ainh Hu a une commande récurrente, réglée d'avance, tous les jeudis, de la part de la victime. Un menu unique : nems au poulet, riz cantonais et nougat au sésame. Il est venu livrer M. Robin comme à son habitude, mais personne n'était présent. Il est reparti avec la commande.

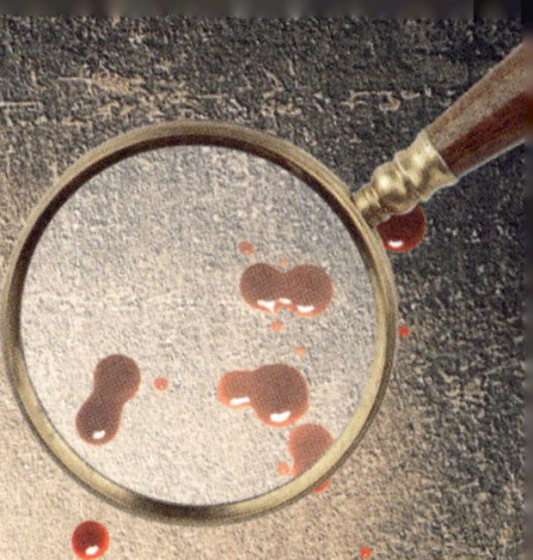

– Hum, hum… dit Watson en s'enfonçant dans le fauteuil moelleux.

– Vous comprenez mon désarroi, répond Sherlock. Puis il enfile son manteau.

– Vous sortez ? demande Watson, étonné.

– Effectivement, dit le détective en attrapant une bouteille de vin. Je ne vais tout de même pas laisser Mlle Ruthra seule tout l'après-midi !

Puis, avec un sourire en coin, il quitte la pièce, laissant John seul avec l'affaire en cours.

Watson passe de longs moments sur le dossier, étudiant de long en large les antécédents des suspects, tâchant de comparer leurs alibis et cherchant à mettre en place une théorie qui pourrait faire émerger un coupable.

Ce n'est qu'au bout de deux bonnes heures que Watson, rouge de colère, jette les feuillets à travers la pièce.

Qui est le cambrioleur de M. Robin ?

ENQUÊTE N°6

PILE À L'HEURE

– J'en suis persuadé, Holmes, Lady Wendwall est morte d'une overdose d'opium, insiste le Dr John Watson, penché sur le corps sans vie de la pauvre femme. Je déclare le décès à 16 h 30.

Il se relève et se tourne vers Mlle Johnson, la femme de chambre, seule aide de la maison, qui a découvert le corps quelques minutes plus tôt.

– Lady Wendwall suivait-elle des traitements particuliers ? lui demande-t-il.

– Absolument. Son médecin, le Dr Schneider, m'a ordonné de lui administrer une dose de laudanum toutes les trois heures, pour guérir ses diarrhées chroniques.

– C'est tout à fait logique, répond Watson en se frottant le menton, cela me semble le traitement le plus adéquat. Êtes-vous sûre d'avoir respecté la posologie ? Toute erreur pourrait provoquer une overdose immédiate chez le patient, conclut-il tourné vers Holmes.

– Oui, cela faisait quelques mois que j'administrais scrupuleusement le traitement à Lady Wendwall. Elle semblait très bien le supporter, ses douleurs intestinales s'estompaient de jour en jour. Mais…

– Oui, mademoiselle ? dit Watson, persuadé cette fois que la femme de chambre a provoqué une overdose.

– Mais, reprit la jeune femme, c'est tout l'inverse qui s'est produit ce matin.

– Expliquez-vous, dit Holmes.

– J'étais très affairée dans la maison. En effet, depuis peu, j'ai pris l'habitude de nettoyer de fond en comble une pièce par jour car, bien qu'elle soit moins mobile, Lady Wendwall aimait que sa maison soit propre. Après lui avoir administré sa dose de 9 heures, j'ai entamé le ménage de la bibliothèque et je n'ai pas vu le temps passer. Quand je suis passée devant sa chambre, j'ai vu l'heure sur la comtoise et j'ai paniqué, il était

ENQUÊTE N°6

13 heures. J'étais en retard d'une heure pour sa prise de médicament. Je craignais que ses maux ne reprennent, alors je me suis dépêchée de lui administrer sa dose. C'est en lui apportant celle de 16 heures que je l'ai découverte ainsi. Pauvre femme.

Watson semble contrarié. Un retard sur une prise de laudanum ne peut guère causer une telle overdose.

Que s'est-il passé ?

ENQUÊTE N°7

L'homme de lettres

Par ce bel après-midi londonien, Sherlock Holmes, bien calé dans son fauteuil au centre du salon, observe de loin John Watson qui s'affaire sur son exercice. Menotté à une chaise, il doit, grâce aux méthodes que Sherlock lui a inculquées quelques instants plus tôt, réussir à se libérer en moins de quarante-cinq secondes.

Désenchanté, Holmes lance un regard à sa montre.

– Watson, n'avez-vous donc rien écouté de mes leçons ? Voici plus d'une demi-heure que vous êtes attaché à cette chaise et toutes vos gesticulations ne mènent à rien.

Watson, le visage rougi par l'effort et l'agacement, lui jette un regard noir et lance :

– Holmes, pour la dixième fois, je vous en prie, veuillez me détacher de cette chaise !

Le visage de John s'éclaire quand il voit son ami se lever. La liberté est proche ! Ses poignets entravés sont endoloris. Mais contrairement à son attente, Holmes ne fait pas un pas dans sa direction et part vers la cuisine.

– Watson, dit Holmes, vous n'avez plus que quelques secondes pour vous libérer. En attendant, je vous propose un petit exercice de logique. En temps normal, vous auriez trente secondes pour résoudre ce mystère. Mais je vais être tolérant et vous laisser le temps qu'il vous faut.

Watson, de sa place, entend le son caractéristique de l'eau qui coule dans la bouilloire. Il entend ensuite Holmes la déposer sur la gazinière de la cuisine et lancer le feu en dessous. Va-t-il lui ébouillanter les mains pour qu'il trouve plus rapidement une solution ? Pas le temps d'attendre : avec Holmes, on ne sait jamais ce qui peut se passer, mieux vaut trouver urgemment une solution. Tant pis, à défaut de parvenir à déverrouiller ces menottes, il faut casser la chaise !

– Écoutez bien, dit Holmes. Francky Robin, un homme d'une quarantaine d'années, se rend au Harvard Coffee vers 3 heures de l'après-midi. L'endroit est vide. Il s'assied tout de même au comptoir et commande d'un geste, au serveur à la mine patibulaire, la même chose que tous les jours : un scotch « on the rocks » et quelques cacahuètes. Assoiffé, il engloutit aussitôt la moitié de son verre.

Tout en écoutant d'une oreille distraite l'histoire de Holmes, Watson se lance littéralement en arrière contre la table pour tenter de briser les barreaux du dossier. Le sifflement de la bouilloire commence à retentir. Il se jette au sol en direction de la cheminée. Il utilise ses dernières forces pour attraper le tisonnier et l'emploie pour faire pression sur les barreaux. Un sifflement aigu résonne dans la maison et se dissipe peu à peu : l'eau est chaude.

Plus une seconde à perdre, Watson force une nouvelle fois sur le tisonnier et un craquement sec se fait entendre. Libre, juste à temps ! Les pas de Holmes claquent sur le sol et se rapprochent de Watson, qui se lève d'un bond.

– Tadaaa ! crie-t-il fièrement, les bras levés, malgré les menottes.

Son geste soudain fait vaciller Holmes, qui renverse à moitié sa tasse de thé sur Watson. Un cri de douleur résonne dans l'appartement du 221B Baker Street.

Quelques minutes plus tard, une poche de glace sur la jambe, Watson est assis dans un fauteuil face à Holmes.

ENQUÊTE N°7

– Vraiment, Watson, quelle imagination ! Que se passe-t-il dans votre tête pour supposer que j'en vienne à la torture pour vous inculquer mes méthodes ?

Watson ne répond rien.

– J'avoue cependant être assez admiratif : sous la menace, aussi fictive soit-elle, vous avez réussi à vous défaire de cette chaise. C'est un bon début. Mais vous m'avez interrompu dans mon histoire ! Puis-je poursuivre sans risquer de perdre une autre chaise de valeur ?

Watson ne répond toujours rien, mais acquiesce mollement de la tête.

– Bien, reprend Holmes. Notre cher Francky prend maintenant ses aises, attrape le journal dans sa mallette, lit la page des faits divers, celle des sports, noircit quelques cases dans la grille des mots croisés puis, tout en continuant son activité, il finit son verre d'une traite. Quelques secondes plus tard, il s'écroule raide mort sur le zinc. Je précise qu'il n'est, évidemment, pas mort de causes naturelles. Alors, mon ami, comment est-ce possible ?

Bonne question !
Comment est-ce possible ?

PERSONNE AU BOUT DU FIL

— Vous croyez que c'est un meurtre, inspecteur ? demande Mme Groven, la maîtresse de maison, à Lestrade. Qui aurait pu faire une chose pareille ?

L'inspecteur Lestrade est au domicile de Mme Groven, dans le bureau de son mari que l'on vient de retrouver inanimé, allongé à côté de son siège.

Tout en écoutant parler la pauvre femme, Lestrade inspecte la pièce, une luxueuse salle d'environ quatre mètres sur quatre, avec une admirable cheminée en marbre sur laquelle trônent une pendule de style Louis XVI et deux statuettes en bronze doré.

Sur le mur, un tableau, sûrement une reproduction de maître ; en dessous, un petit buffet marqueté ; à sa droite, une étagère en hêtre sculpté pleine de livres à la reliure dorée.

Au centre de la pièce, posé sur un tapis persan de belle qualité, un bureau anglais sur lequel les documents sont parfaitement rangés. On peut y voir également un porte-plume nettoyé avec sa fiole d'encre à moitié vide, un téléphone au combiné accroché sur sa base, une carafe d'eau pleine ainsi

qu'un verre à moitié vide, le courrier du jour et une petite assiette de gâteaux secs fort appétissants.

– Pouvez-vous me rappeler dans quel domaine travaillait votre mari, s'il vous plaît ? demande Lestrade en sortant son carnet de notes.

– Il était dans l'import-export. Il était principalement en relation avec l'Inde. Quel magnifique pays ! Il m'y a emmenée une fois, les gens y sont si gentils, dit Mme Groven avec une petite voix emplie de tristesse.

– Je suis désolé de vous redemander cela, mais pour les affaires délicates comme celle-ci, je dois prendre certaines notes pour notre détective qui va arriver sous peu. Alors, racontez-moi précisément ce qu'il s'est passé lorsque vous étiez au téléphone avec votre mari un peu plus tôt dans la matinée.

– Eh bien, explique Mme Groven en ravalant ses larmes, j'étais chez une cliente, Mlle Baye, une charmante jeune femme qui s'est récemment installée dans le quartier de Groove Street – vous savez, les nouveaux immeubles en briques qui donnent sur la Tamise… Bref, j'aidais Mlle Baye à peaufiner ses choix décoratifs pour qu'elle puisse vivre dans l'intérieur de ses rêves. Je me suis souvenue d'une magnifique table de salon que mon mari a récemment importée, mais je n'avais plus ses dimensions en tête.

ENQUÊTE N°8

Je l'ai donc appelé, et alors qu'il me donnait les mesures, je l'ai entendu pousser un râle et gémir. Puis plus rien. J'ai tout de suite appelé les services de secours pour qu'ils puissent porter assistance à mon mari, et je suis arrivée aussi vite que j'ai pu, quelques minutes après vous. Et c'est là que je l'ai vu…

Mme Groven se met à sangloter et se réfugie, non sans une certaine pudeur, dans le giron de l'inspecteur Lestrade qui, un peu gêné, l'entoure de ses bras.

– Je suis désolé, Mme Groven. Votre mari était sans doute fragilisé, il devait être bien fatigué et son cœur s'est arrêté. Je suis sûr qu'il n'a pas souffert.

Sherlock Holmes, qui vient d'arriver dans la pièce, lance un regard interrogatif à Lestrade, qui se contente de lui tendre son carnet de notes. Holmes lit les quelques lignes, fait le tour de la pièce d'un regard, puis lance :

– Lestrade, vous avez raison, il est mort. Mais certainement pas de cause naturelle !

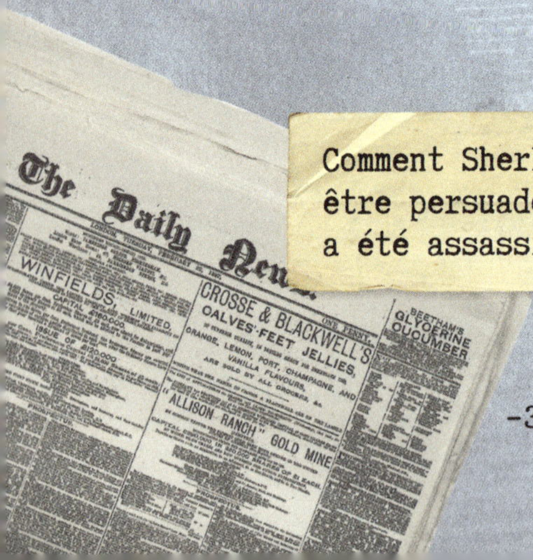

Comment Sherlock peut-il être persuadé que M. Groven a été assassiné ?

ENQUÊTE N°9

LA TEMPÉRATURE MONTE

Un incroyable pic de chaleur au-dessus des normales saisonnières est annoncé sur Londres. Les températures pourraient dépasser 40 °C ! Cette situation risquant de faire surchauffer le réseau électrique installé récemment dans la ville, les autorités ont décidé de procéder à des coupures de courant de deux heures, en alternance, en fonction des quartiers. Et c'est dans l'un de ces quartiers que sont appelés en renfort, par l'inspecteur Lestrade, vers 23 heures, Holmes et Watson pour une affaire d'homicide.

En arrivant sur les lieux, les deux hommes apprennent le décès de Mme Terrie Houss, la propriétaire, poignardée à son domicile il y a moins d'une heure. C'est Mme Lambert, sa femme de chambre, qui l'a découverte en apportant le thé que sa patronne venait de lui commander. En arrivant dans la chambre, ce qu'elle a vu lui a fait lâcher la tasse et elle a couru prévenir la police. Les flammes des quelques lampes à pétrole qui éclairent la pièce font vaciller les traits de Mme Lambert, mais on peut distinguer sur son visage une grande tristesse et de la peur.

– Pensez-vous que le meurtrier est toujours ici ? demande-t-elle en frissonnant.

ENQUÊTE N°9

– C'est fort probable, répond Sherlock Holmes. Et nous devons faire rapidement toute la lumière sur cette affaire !

Au moment où Holmes prononce ces paroles, l'électricité revient subitement et toute la maison baigne de nouveau dans une lumière aveuglante.

– Voilà qui est mieux, dit Holmes d'un ton neutre. Lestrade, avez-vous une idée ?

– Non, répond l'inspecteur, mais j'ai fait réunir les habitants de la maison dans la pièce attenante. Venez. Pour le moment, personne n'est particulièrement suspecté.

En pénétrant dans la pièce, les deux détectives font face à quatre personnes : M. Houss, le mari de la victime, Penny, sa fille de 17 ans, et ses deux neveux Henry et Albert, deux beaux garçons de 15 et 12 ans.

M. Houss est un homme assez élégant, malgré son âge et son ventre rebondi. Il a ce petit quelque chose dans les yeux qui fait de lui un grand séducteur. Il était dehors à regarder les étoiles quand Mme Lambert l'a prévenu du drame.

Penny ressemble fortement à sa mère, mais avec vingt ans de moins. Elle porte une robe à fleurs et ne semble pas peinée le moins du monde par le décès de sa maman. Elle était punie dans sa chambre au moment du crime, elle ne sait donc rien.

Henry, l'aîné des deux frères, porte de petites lunettes qui lui donnent un air très sérieux.

Il était dissimulé sous des couvertures avec son petit frère dans le grand salon. Ils écoutaient *Le jour des loups-garous*, une émission effrayante, à la radio. Leur tante leur avait interdit d'écouter cette émission et c'est pour cela qu'ils se cachaient.

Quand Holmes se tourne vers Albert, le cadet, ce dernier devient blanc comme un linge et se met à pleurer. Il se blottit contre son grand frère et ne décroche plus un mot. Watson croit voir une lueur curieuse briller dans ses yeux pleins de larmes : de la peine, peut-être ?

Lestrade demande aux deux détectives de sortir de la pièce.

– C'est une affaire délicate que nous avons là. Il nous faut peut-être envisager qu'une tierce personne soit entrée dans la maison pour commettre le meurtre, puis qu'elle se soit enfuie avant notre arrivée, dit l'inspecteur.

– Je ne crois pas, répond Holmes d'un ton sinistre et grave. J'ai bien peur que le tueur soit l'un des membres de la famille.

Qui Holmes pense-t-il être coupable ?

ENQUÊTE N°10

MULTIRÉCIDIVISTE

En cette douce fin de soirée, assis à son bureau, Watson s'affaire à rédiger les incroyables aventures et péripéties de son ami Sherlock Holmes. Il prévoit dans un futur proche de proposer ses écrits à une grande maison d'édition pour publication. Holmes acceptera-t-il un tel ouvrage ? Watson se met à écrire :

« Alors que nous arrivions sur les lieux, Sherlock Holmes dit avec aisance à l'officier McKelton… »

Soudain, une voix retentit derrière lui :

– Watson, déjà que je ne suis pas enclin à ce que vous couchiez sur papier ma vie, tâchez au moins de rendre ça un peu plus palpitant !

Watson laisse échapper son porte-plume et balbutie quelques mots pour tenter de cacher son activité, tout en sachant qu'il est déjà trop tard.

– Vous vous remettrez à votre gribouillage plus tard, mon ami. J'ai reçu un appel de l'inspecteur Lestrade qui requiert d'urgence notre intervention. Le fameux étrangleur de Londres a encore frappé, une de ses victimes vient d'être conduite à l'hôpital St Mary.

– En vie ? demande Watson, étonné par les propos de Holmes.

– Tout à fait, nous devons à tout prix l'interroger. Le plus tôt sera le mieux pour qu'elle puisse nous fournir le plus de détails possible sur son agresseur. Ne perdons pas une minute.

Les deux compères se préparent et rejoignent à pied l'hôpital.

– À votre avis, à quel moment de son « rituel » la victime a-t-elle réussi à s'échapper ? demande John Watson.

– Je n'ai pas eu cette information, Watson, répond Holmes d'un ton neutre.

– Car si je me souviens bien de son mode opératoire, renchérit Watson, il commence par kidnapper sa victime en fin de journée, puis la ramène à son domicile, et là commence un long processus de torture, aussi bien psychologique que physique.

– C'est cela, oui.

ENQUÊTE N°10

– Selon les détails des précédentes affaires, il s'amuse avec ses victimes à plusieurs reprises et les blesse si elles se débattent.

Holmes avance toujours d'un pas rapide, sans réagir aux propos de Watson.

– Ce qui m'étonne le plus, c'est que toutes ses victimes ont laissé une lettre d'adieu avouant avoir commis un péché et devoir se repentir. En plus, toutes décrivent leur agresseur comme un envoyé de Dieu destiné à punir les pécheurs…

Holmes s'arrête net et se tourne d'un coup vers Watson.

— Vous avez terminé ? Nous sommes arrivés, dit-il en montrant d'un hochement de tête l'entrée de l'hôpital. Tâchez de paraître moins avide de détails sordides devant la victime.

Puis il tourne les talons et pénètre dans le bâtiment.

— Je ne comprendrai donc jamais cet homme ! soupire Watson en lui emboîtant le pas.

Dans la salle d'examen, l'inspecteur Lestrade accueille Holmes et Watson en compagnie du Dr Ofbridge, qui a conduit l'examen clinique de la patiente.

Holmes jette un rapide coup d'œil au dossier avant de s'entretenir avec la victime. Brutalisée, elle a eu beaucoup de chance d'échapper aux griffes de ce monstre.

Avec un ton doux et un sourire qui était jusque-là inconnu à Watson, Holmes interroge la jeune femme sur les circonstances de son enlèvement et sur sa fuite. Elle explique qu'elle se promenait le long du fleuve quand elle a senti une main se poser sur son visage, ainsi qu'une forte odeur qu'elle pourrait décrire comme agréable, légèrement douceâtre. À son réveil, elle était à son domicile, attachée à son lit, un homme portant une cagoule commençait à la déshabiller.

Elle fond aussitôt en larmes. Holmes lui tend un mouchoir et ne dit mot. Quelques instants plus tard, elle explique que son agresseur l'a forcée à écrire une lettre tout en lui dictant tous les mots qu'elle devait écrire. Alors qu'elle était assise à son bureau, il se tenait derrière elle et lui prenait la main droite pour l'obliger à écrire. Plus elle résistait, plus il enfonçait sur son cou le couteau qu'il tenait dans l'autre main. Elle ne sait pas par quel miracle elle a eu suffisamment de force pour se saisir du couteau de son agresseur et le planter dans sa main.

Elle ajoute que le sang s'est rapidement mis à couler en grande quantité et, pendant qu'il hurlait de douleur, elle a réussi à s'enfuir et à trouver de l'aide avant d'être conduite à l'hôpital.

— Vous souvenez-vous d'un signe distinctif ? Une marque de naissance, un grain de beauté, la couleur de ses yeux ?

Après quelques instants de réflexion, la jeune femme répond non de la tête et lâche un « désolée » en sanglotant.

— Je vois, dit Holmes. Je vous remercie pour votre témoignage mademoiselle. Maintenant, reposez-vous.

Puis il se tourne vers Watson et Lestrade.

— Messieurs, l'agresseur a dû se diriger vers l'hôpital le plus proche pour soigner sa blessure, au risque de perdre beaucoup de sang. Docteur, avez-vous eu des patients avec des blessures à la main aujourd'hui ?

— Oui, trois. Suivez-moi, ils sont dans la salle d'à côté.

Arrivé dans la salle suivante, Holmes dévisage les trois patients désignés par le Dr Ofbridge.

— Messieurs, comment allez-vous ? demande Holmes de façon soudaine.

— Cha ne va pas fort, répond le premier homme en chuintant, mais le médechin a fait du bon travail. (Il lève sa main droite, enrubannée.) Je vous remerchie. Vous êtes là pour mon achuranche ?

— En pleine forme, comme vous pouvez le voir, dit le deuxième en montrant un pansement remontant jusqu'au poignet, à la main droite. Le seul souci, c'est que je vais devoir mettre ma montre à mon autre bras, ça va être très désagréable pour écrire.

— Bof, vous savez, j'en ai vu d'autres ! répond le troisième homme, faraud. Une blessure de guerre en plus ! Il faut dire qu'on avait bien bu avec les gars, on n'aurait pas dû jouer au jeu du couteau. Vous savez, ce jeu stupide où vous posez votre main à plat et vous plantez un couteau de plus en plus rapidement entre chaque doigt. Je crois bien que le dernier scotch a été traître pour moi.

Il ricane un peu et se rallonge.

Watson, dit Holmes discrètement, allez me chercher Lestrade. On tient notre homme !

Qui est le fameux mais monstrueux étrangleur de Londres ?

ENQUÊTE N°11

Allo, à l'eau

— Quelle tragédie ! soupire Martine Scopi en regardant la dépouille sans vie de son employeur, John Fone, un célèbre inventeur. C'était un homme si bon, certes parfois farfelu, mais si généreux.

Watson, qui vient d'arriver sur les lieux avec son fidèle acolyte Sherlock Holmes, s'apprête à embarquer Mlle Scopi au poste de police, pour meurtre. Il est persuadé de sa culpabilité, puisqu'il n'y a personne d'autre dans cette maison. Elle est forcément à l'origine des coups de feu qui ont perforé la poitrine du pauvre homme. Soudain, un homme entre dans la pièce. À la vue du corps gisant et de la mare de sang, l'individu ne peut réprimer un cri.

Holmes et Watson se tournent vers lui.

– Ne vous approchez pas, lance Watson en stoppant l'homme.

– Qui êtes-vous ? demande Holmes sèchement.

– Je suis Nicola Porty, l'assistant de John. Savez-vous qui a fait cela ?

– Où étiez-vous ce matin ? continue Holmes.

– Je n'étais pas dans mon assiette, répond l'assistant, je suis donc resté couché toute la matinée. Passé midi, je me suis senti mieux, alors me voici. Si j'avais su ! Je me serais forcé à venir ce matin, j'aurais peut-être pu empêcher ce drame.

– Sur quelle invention travaillait M. Fone ? questionne Holmes.

Il venait de mettre au point un système d'enregistrement sonore des plus performants. Il allait sans aucun doute devenir très riche avec cette découverte ! Tenez, regardez, il semblerait qu'il ait enregistré quelque chose avant de mourir.

L'homme s'affaire autour de l'appareil avant que celui-ci ne se mette à cracher un son :

Bruits de pas à talons qui s'approchent

Coup de feu / Coup de feu / Coup de feu

Bruit d'un corps qui tombe au sol

Bruits de pas à talons qui s'éloignent

Porte qui se ferme

ENQUÊTE N°11

Les trois hommes tournent la tête vers Martine Scopi, qui baisse la sienne en regardant ses chaussures à talons.

Holmes décide néanmoins de refaire un tour dans l'atelier, avant de revenir vers l'assistant en arborant un sourire satisfait.

– Vous avez failli m'avoir, M. Porty ! Watson, arrêtez-le.

Comment Holmes a-t-il trouvé le véritable coupable ?

ENQUÊTE N°12

BIJOUTERIE & RECELEURS

La bijouterie du centre-ville a été cambriolée cette nuit. Holmes et Watson sont demandés en renfort pour résoudre cette affaire. Le propriétaire voudrait faire réparer la vitrine cassée au plus vite, pour pouvoir rouvrir le magasin. Plus que jamais, l'adage est vrai : « le temps, c'est de l'argent. »

– Ah ! Bonjour Holmes, bonjour docteur, s'exclame l'inspecteur Lestrade à l'arrivée des deux hommes. Je suis bien content que vous soyez là. Nous avons là un cambriolage bien organisé. En moins de dix minutes, les braqueurs ont brisé la devanture, se sont faufilés par l'ouverture et ont vidé cinq vitrines sur les sept que comporte le magasin.

– Impressionnant, répond Holmes en pénétrant dans la bijouterie, suivi par un Watson quelque peu vexé de n'être que l'ombre de son acolyte. Quels étaient les bijoux présentés dans ces vitrines ?

– D'après le propriétaire, dit Lestrade en vérifiant ses notes, il y avait une vitrine de montres, dont certaines en or, une de colliers, une de bagues, une de bracelets, et une spéciale pour les diamants.

– Voilà qui est intéressant, avance Watson.

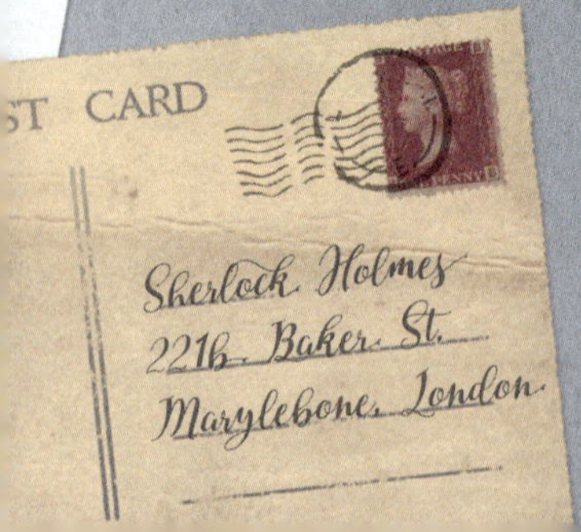

Mais personne ne rebondit sur sa remarque. Passablement énervé, Watson fait le tour de la bijouterie. Il inspecte les vitrines brisées avec attention, prenant quelques notes pour se donner un air important. Il lâche quelques « oh ! », mais Lestrade et Holmes sont partis dans leur discussion et rien ne semble pouvoir les perturber. Watson continue son tour et sort par le trou béant de la devanture, en prenant soin de ne pas glisser sur le verre répandu sur la chaussée. Puis, sa présence ne semblant pas nécessaire ni désirée, il se réfugie à la terrasse du café d'en face pour attendre Holmes tout en gardant un œil sur lui.

Pendant ce temps, Holmes dresse une liste de suspects potentiels parmi les revendeurs de bijoux volés. Il est de notoriété publique que certains bijoutiers de la Clamecy's Street ne sont pas d'honnêtes citoyens. Holmes et Lestrade décident d'aller les interroger.

Dans la première boutique, le vendeur, un homme d'une quarantaine d'années qui porte le poids de la gourmandise sur ses hanches, n'est pas très à l'aise de recevoir la visite des forces de l'ordre. Ne quittant pas Holmes des yeux pendant tout l'interrogatoire, il donne tout de même comme

alibi qu'il était auprès de son épouse toute la nuit. Comme il ronfle comme un sonneur, elle pourra sans doute confirmer sa présence.

En sortant, Holmes attrape un petit vase asiatique exposé en décoration dans une vitrine, et le dépose dans la main de Lestrade.

– Il a été volé la semaine dernière au British Museum, dit le détective. Ne me remerciez pas.

Ils arrivent ensuite chez le deuxième revendeur potentiel, un homme élancé et sec. Son regard noir et coléreux ne donne pas envie de le contrarier, mais cela n'empêche pas Holmes de mettre les pieds dans le plat et de l'interroger au sujet d'un éventuel recel de bijoux volés. Étonnamment, l'homme répond d'une voix très douce et enjôleuse. Cette nuit, il rentrait d'une importante vente aux enchères qui avait lieu à Manchester. Il ne peut être partout à la fois, dit-il avec un sourire complice en montrant son coupon de train aux deux hommes.

Lestrade et Holmes quittent la bijouterie sans un mot, puis se dirigent vers la troisième boutique. Fermée. Changement de propriétaire. Bail à louer. La poussière visible à travers la vitre de la devanture les assure que cela ne date pas d'hier.

Ils se dirigent donc vers la quatrième et dernière bijouterie. L'homme, un bras bandé, se déplace avec difficulté.

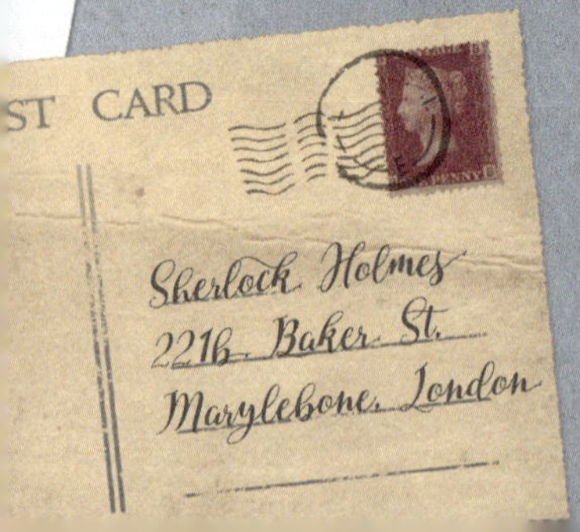

Sa boutique est plongée dans la pénombre, car la vitrine de son magasin est remplacée par une grande planche en bois. Selon lui, des voyous se sont acharnés il y a quelques jours sur sa boutique à coups de cailloux et de projectiles divers. Il vidait des cartons quand cela s'est produit ; il s'est caché, mais l'une de ses vitrines est tombée et s'est écroulée sur son bras. Il aimerait ne pas être traité par les policiers comme un voyou, mais plutôt comme une victime. Sur ce, il demande aux deux hommes de partir immédiatement.

– Bon, allons au poste. Nous devons étudier la situation et ratisser plus large : nous avons manqué quelque chose ! dit Lestrade, contrarié.

– *Vous* avez manqué quelque chose ! Moi, j'ai tout compris ! lui répond Holmes, un sourire aux lèvres.

Qui a braqué la bijouterie du centre-ville ?

ENQUÊTE N°13

MAUVAISE PASSE

C'est un spectacle particulièrement gênant et choquant qui s'offre aux yeux de l'inspecteur Lestrade. Le commissaire Richard Peal, le créateur de Scotland Yard, est là, gisant à demi-nu, menotté sur le lit d'un hôtel miteux en périphérie de Londres.

Après avoir fait sortir de la pièce les agents qui ont découvert le corps, l'inspecteur observe la scène. Le commissaire n'est vêtu que de son caleçon long et de l'une de ses chaussettes. Quelques griffures sont encore visibles sur son torse, ainsi que de petites plaques rouges dans son cou. Au vu de sa position et de ces quelques marques, il devait être avec une belle-de-nuit, et la petite mort s'est hélas transformée en mort définitive.

Le visage de M. Peal est presque aussi blanc que les draps. Sa bouche est obstruée par un tissu de dentelle qui ressemble fort à un sous-vêtement féminin. Ses yeux rouges et gonflés sont révulsés. L'inspecteur Lestrade n'est pas près d'ôter cette horrible image de son esprit.

Pour ne pas ternir la mémoire de son ami et pour que le service de Scotland Yard ne soit pas entaché d'un scandale supplémentaire, Lestrade décide de contacter un journaliste du *London Times* lui-même pour lui annoncer le décès du commissaire. Il compte bien omettre tous les détails gênants. Mais avant cela, il réunit les agents qui ont découvert le corps pour leur demander fermement le plus grand professionnalisme et pour leur rappeler que, pour le bien de l'enquête, il est formellement interdit d'ébruiter ce qu'ils ont vu. Après le discours de l'inspecteur, les agents acquiescent d'un hochement de tête.

Il est maintenant temps de contacter Holmes et Watson pour tirer toute cette histoire au clair. Lorsque les deux détectives arrivent sur les lieux du crime, un quart d'heure plus tard, Lestrade les informe de la situation. Bien entendu, il compte également sur leur discrétion dans cette délicate enquête.

Holmes ayant rendez-vous chez un ami écossais, il charge Watson de l'enquête. Ce dernier attend la fin de l'après-midi puis, avec l'aide des agents de police disponibles, il convoque toutes les prostituées du quartier au poste. Une par une, elles sont soumises au même interrogatoire, mené par Watson qui leur demande :

– Que faisiez-vous entre 22 heures hier soir et 6 heures ce matin ? Connaissez-vous quelqu'un qui pourrait en vouloir au commissaire Richard Peal ?

La première interrogée se fait appeler Pussy Doll. Jouant l'aguicheuse, elle explique à un Watson très gêné qu'elle fait attention à la clientèle qu'elle fréquente et qu'elle n'aurait jamais passé

quelques heures avec un agent des forces de police. Ce n'est pas son genre. C'est le meilleur moyen de se faire pincer : une fois sur deux, le bonhomme est sous couverture, sans mauvais jeu de mots. Cela dit, elle est vraiment navrée du décès du commissaire. Tout en regardant Watson d'un air langoureux, elle lui propose ses services s'il a besoin de se… détendre. Watson déglutit difficilement et remercie la jeune femme.

Une deuxième prend sa place. Plus stricte et élégante, elle s'appelle Lady Hannah. Elle affirme changer de quartier tous les soirs pour éviter de tomber deux fois de suite sur le même client. Elle aime la variété. La veille au soir, elle traînait vers South Bank. Certains quartiers sont moins intéressants que d'autres, financièrement tout du moins. Mais un meurtre dans cette banlieue miteuse ne l'étonne guère. Cela dit, elle est surprise de la façon dont le commissaire est mort

– D'habitude, les gens sont plutôt poignardés par ici. C'est un quartier dangereux, surtout à la nuit tombée, d'autant plus pour un officier de police.

Lady Hannah laisse sa place à Dorothy, une jeune fille pétillante, blonde aux yeux marron. Elle connaissait le commissaire, ayant déjà eu plusieurs rendez-vous avec lui. C'était un homme pas forcément très gentil, mais il était vraiment généreux. C'est bien la seule chose qui la faisait accepter de le garder comme client. Voyant que Watson en attend un peu plus d'elle, elle poursuit :

– J'ai entendu dire qu'il en frappait certaines. Il passait ses nerfs, comme il disait. Avec moi, il s'est déjà énervé très fort, mais sans en venir aux coups. Si vous voulez en savoir plus, vous devriez interroger une certaine Pussy Doll, elle a déjà passé un sale quart d'heure avec lui. Peut-être qu'elle lui en voulait, ou qu'il l'a frappée une fois de trop !

La dernière femme à être questionnée est une certaine Kitty, la cinquantaine. Parlant d'une voix forte, elle affirme que les petits vieux comme le commissaire ne sont vraiment pas sa tasse de thé. Elle préfère les jeunes ; elle leur apprend la vie, comme elle dit. Quand Watson lui parle des excès de colère du commissaire, elle répond qu'elle aurait bien aimé voir ça, que le commissaire aurait certainement reçu la gifle de sa vie avant qu'il ne lève la main sur elle. Finalement, il mérite peut-être ce qu'il lui est arrivé, conclut-elle. Watson réprime un sourire et la raccompagne vers la sortie.

N'ayant aucune piste après ces interrogatoires, il fait revenir Pussy Doll et lui parle de la main lourde qu'a pu avoir le commissaire sur sa personne. À ce moment-là, le visage de Pussy Doll se ferme, ses mains se crispent, ses yeux noirs deviennent sévères et elle ne dit plus un mot de tout l'interrogatoire, malgré les multiples questions de Watson.

Après la sortie de Pussy Doll, Lestrade, qui a assisté à tous les interrogatoires depuis la salle voisine, rejoint Watson.

– C'est forcément elle, dit l'inspecteur.

– C'est vrai que tout porte à croire que c'est elle qui a fait le coup, répond Watson. Elle connaissait la victime, et elle a le mobile. Je me demande si Sherlock Holmes serait d'accord avec nous.

Et vous, qu'en pensez-vous ?

Détail mortel
Enquête N°I4
Venez Watson, nous devons interroger toutes les personnes présentes sur les lieux aujourd'hui.
Mlle Lavrau, la femme de chambre de la victime
Quelle horreur ! Qui a bien pu faire cela ? J'étais occupée à l'entretien de l'étage aujourd'hui. Je n'arrivais pas à rester les bras croisés en vous attendant, j'ai donc fait le ménage.
Vous vous entendiez bien avec la victime ?
Oui, c'était un homme charmant et discret. Vous savez, j'avais surtout à faire à Madame, c'est elle qui me confiait les tâches.
Je vous remercie.
M. Golnib, jardinier
Je n'ai vu personne passer dans le jardin. Cela dit, j'étais à l'arrière toute la matinée. Et puis vous savez, je n'avais pas les yeux rivés sur la maison. Ce sont les plantes, moi, qui m'intéressent.
Vous vous entendiez bien avec la victime ?
Il était plus préoccupé par son intérieur que par son magnifique jardin. Mais il payait bien. J'espère que sa femme va me garder.
Je vous remercie.
Lady Flint, épouse de la victime
Quelle horreur ! Mon pauvre mari, mais qui a bien pu faire cela ? J'étais dans la bibliothèque une bonne partie de la matinée. Quand je l'ai entendu crier, je me suis doutée qu'un drame venait d'arriver.
Vous vous entendiez bien avec votre mari ?
Nous étions mariés depuis plus de quarante ans. On a eu des hauts et des bas, mais c'était un homme admirable.
Je vous remercie.
Et bien mon cher Watson, la bonne nouvelle c'est que nous serons à l'heure au déjeuner.
Ne me dites pas que...
Élémentaire, mon cher.
Qui a tué Lord Flint ?

ENQUÊTE N°15

Conflits de voisinage

— Oui, c'est vrai, j'étais dans son appartement, avoue l'homme.

M. Cabot est l'indélicat voisin de Mme Bertille, une septuagénaire retrouvée sans vie quelques instants plus tôt dans son appartement. Chétif et à peine la trentaine, il est interrogé par Sherlock Holmes au poste de police à la demande de l'inspecteur Lestrade, qui hésite à se décider sur la culpabilité du suspect. La lumière blanchâtre et vacillante qui se dégage de l'unique éclairage de la pièce renforce l'ambiance angoissante de cet interrogatoire et donne un air encore plus condescendant à Holmes.

Sur la table, tournées face au suspect, se trouvent les photos de la scène de crime. On y voit l'intérieur d'un domicile décoré de façon traditionnelle et parfaitement rangé. Un grand buffet rempli de vaisselle, un fauteuil confortable près de la fenêtre et une table avec quatre chaises au centre de la pièce. Sur cette table, seuls éléments désordonnés de la pièce, se trouvent quelques journaux, un porte-mine et un pot d'encre renversé ayant laissé s'échapper son contenu jusqu'au sol. Pour des raisons pratiques et éthiques, le corps de la victime a été emmené à la morgue avant d'être photographié.

– Mais je vous assure, Monsieur Holmes, reprend le suspect, que je n'y suis pour rien ! Mme Bertille était une dame charmante et nous avions un profond respect l'un pour l'autre. Nous discutions de sa jeunesse et de ses diverses aventures pendant qu'elle remplissait, d'un œil distrait, sa grille de mots croisés. Soudain, elle s'est mise à tousser de façon étrange à plusieurs reprises.

– Oui, vous m'avez déjà expliqué cela, jeune homme, coupe Holmes. Vous avez déclaré être tout de suite allé chercher un verre d'eau dans la cuisine pour qu'elle s'éclaircisse la gorge, mais qu'après avoir bu une gorgée, elle a suffoqué, émis un râle rauque, puis s'est écroulée de tout son long sur la table.

– Exactement ! J'étais tétanisé, puis j'ai entendu les portes des appartements du dessus s'ouvrir. J'ai eu peur d'être découvert chez elle alors qu'elle venait de rendre l'âme. Donc sans attendre, j'ai fermé la porte à clef, couru vers la sortie de service, rejoint le palier et j'ai feint la surprise.

– Ce n'est pas vraiment un comportement digne d'un gentleman, interrompt Sherlock.

– Oui, c'est vrai, répond le jeune homme d'une voix penaude, mais je vous assure, je ne l'ai pas tuée ; j'ai réagi bêtement, instinctivement.

Holmes se tourne vers l'inspecteur Lestrade, resté muet depuis le début de l'interrogatoire dans un coin.

– Vous voyez Lestrade, c'est une affaire vite résolue !

– Effectivement, répond-il. Jeune homme, prenez vos affaires, vous êtes libre.

– Restez assis, hurle Holmes au suspect.

Puis il se tourne vers Lestrade.

– Enfin inspecteur, n'apprendrez-vous donc jamais ? Il est tout sauf innocent !

Pourquoi Holmes est-il persuadé de la culpabilité du suspect ?

ENQUÊTE N°16

LE PETIT PERSONNEL

– B5, dit Holmes.

– Touché, répond Watson, visiblement contrarié. H8 ?

– Raté. B6 ?

– Touché et achevé. Bravo Holmes, vous avez une fois de plus entièrement décimé mon armée. Je n'ai plus aucun canon !

– La stratégie, mon cher Watson, la stratégie ! Puis Holmes se tourne vers le troisième homme présent dans le salon du 221B Baker Street. Mon cher Howard, vous pouvez distribuer votre jeu, il a un grand potentiel ! Toutes mes félicitations.

– Je vous remercie Sherlock, répond George Howard Monks, l'inventeur du Basilinda. Votre avis sur ce jeu m'était indispensable avant de signer un contrat chez Horsman.

– Voilà chose faite ! répond Holmes, visiblement ravi. Mais êtes-vous sûr de ne pas vouloir changer son nom pour quelque chose de plus visuel ? Touché-explosé ou quelque chose du genre ?

– Je vais y réfléchir, mais je pense que…

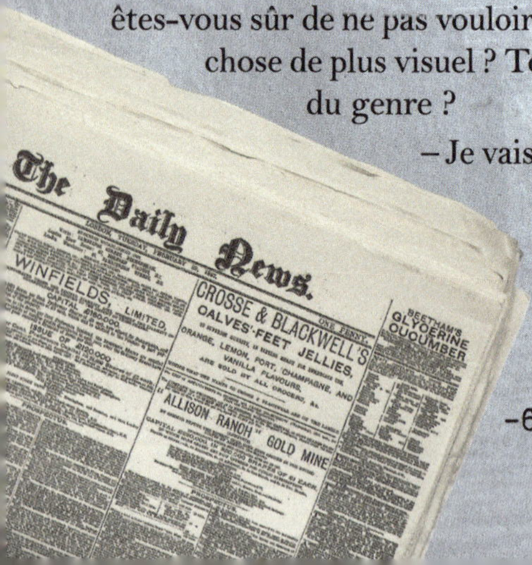

L'invité n'a pas le temps de finir sa phrase que quelqu'un frappe à la porte, d'une manière insistante et précipitée.

Watson se lève instantanément et fait entrer l'inspecteur Lestrade dans l'appartement.

– Messieurs, j'ai besoin de vos services, de toute urgence. Mon ami Lord Chaulain a été victime d'une séquestration et d'un cambriolage.

– Howard, je suis désolé de vous chasser de la sorte, mais le devoir m'appelle, dit Holmes.

– Tout naturellement, je comprends, répond l'homme qui range aussi rapidement qu'il le peut son prototype de jeu de société avant de quitter l'appartement.

– Inspecteur, nous vous suivons, dit Holmes.

Lorsqu'ils arrivent au manoir de Lord Chaulain, Holmes et Watson découvrent que les hommes de l'inspecteur ont déjà fait le tour du périmètre et bloqué un certain nombre d'issues.

ENQUÊTE N°16

– Inspecteur, dit l'un des officiers, aucune trace de la cambrioleuse. Nous avons envoyé des hommes chez sa mère, au cas où elle prendrait contact avec sa famille.

– Bien, répond Lestrade. Holmes, suivez-moi. Lord Chaulain est enfermé dans son bureau, au premier étage.

Arrivés à l'étage, la voix d'un homme d'un certain âge résonne dans la pièce. Il répond à un officier qui, posté devant la porte fermée du bureau, lui pose des questions.

– Mon ami, c'est moi, Lestrade. Je suis revenu avec les deux détectives dont je vous ai parlé tout à l'heure, Holmes et Watson. Pourriez-vous tout leur raconter depuis le début ? Je sais que vous avez déjà expliqué plusieurs fois ce qui vous est arrivé, mais ils vont avoir besoin de l'entendre eux aussi.

– Si vous le dites. Alors voilà, il n'était pas loin de 18 heures lorsque ma gouvernante m'a averti qu'un colis était posé sur mon bureau. Je me suis donc rendu dans cette pièce pour voir de quoi il retournait. À peine étais-je arrivé que la porte a été claquée derrière moi et que j'ai entendu qu'on tournait la clef deux

fois dans la serrure. Allez savoir pourquoi, on m'a enfermé ici. Je soupçonne ma gouvernante de vouloir me dérober quelques biens précieux.

– Depuis combien de temps est-elle à votre service ? demande Watson.

– Elle travaille pour moi depuis de longues années. Je ne comprends pas du tout ce qui a pu motiver son geste, d'autant que je la traite tout à fait correctement.

– Quels sont les objets de valeur dans cette maison ? Y a-t-il un objet en particulier qui vaille le coup de sacrifier sa place dans une maison telle que la vôtre ?

– J'ai bien quelques tableaux ou de l'argenterie, mais elle aurait très bien pu les subtiliser sans toute cette mascarade ! Mais bon sang, pourriez-vous me faire sortir d'ici ? Je me sens comme un poisson en bocal !

– Avez-vous un double de la clef quelque part ? demande Watson.

– Toutes les clefs de l'étage sont identiques, prenez celles de ma chambre, répond Lord Chaulain.

Watson s'exécute et va récupérer la clef de la chambre du lord. Il ne la trouve pas, mais

il met rapidement la main sur celle de la salle de bains : une petite clef en métal noir. Il retourne vers le bureau devant lequel attendent Lestrade et Holmes.

– J'ai trouvé une clef, espérons qu'elle fasse l'affaire !

Il insère la clef dans la serrure, on entend un petit bruit métallique sur le plancher derrière la porte. Puis, il effectue deux tours vers la gauche et la porte est enfin ouverte. Lord Chaulain, qui se tient juste derrière, les remercie grandement de ne pas avoir utilisé la force pour ouvrir la porte, les cadres en bois étant d'origine ; il aurait été malheureux de les abîmer. Le sourire de l'homme est visiblement forcé, détail qui n'échappe pas à Holmes. Il sort prestement de la pièce et referme d'un coup sec la porte derrière lui.

– Venez, dit le lord, faisons le tour de ma demeure pour découvrir ce qui a été dérobé.

Lestrade, Holmes et Watson suivent Lord Chaulain pendant une bonne demi-heure à travers toute la demeure et en explorent chaque recoin.

– Voilà, c'est ce que je craignais ! Elle a volé deux toiles et quelques objets de valeur. Il y en a pour une petite fortune ! Fort heureusement, je suis assuré pour tout cela, mais je vous en prie inspecteur, rattrapez cette criminelle et mettez-la au trou ! Et surtout, retrouvez mes biens !

– Je pense que c'est vous qui allez croupir en cellule, du moins quelques jours ! Et je ne compterais pas trop sur l'assurance pour vous dédommager, dit Holmes d'un ton sec.

Pour quelle raison Holmes dit-il cela ?

ENQUÊTE N°17

LE PÊCHEUR

— Mettez vos bottes, lance Holmes à Watson. Nous allons près de la Tamise, un corps a été retrouvé sans vie. Et j'espère que vous n'avez pas trop mangé ce midi : selon Lestrade, il faut avoir l'estomac bien accroché pour voir le corps.

Les deux compères se mettent en route vers la campagne londonienne, près de la petite bourgade de Richmond. Quand ils arrivent sur les lieux, une grosse couverture détrempée recouvre une forme vaguement humaine. Watson fait un petit signe à Lestrade, qui soulève un coin de la couverture en regardant dans la direction opposée. Le docteur découvre que le corps de la victime est recouvert de lacérations. En regardant de plus près, il remarque que les globes oculaires ont été enfoncés dans la boîte crânienne. Au vu des épanchements sanguins sous-cutanés, la victime était toujours vivante quand cela s'est produit. Elle a été sauvagement torturée.

– Encore une victime du tueur de la Tamise ? demande Watson à un Lestrade livide.

– Oui, sans aucun doute. Même mode opératoire. Un jeune garçon entre 10 et 13 ans, torturé et lancé dans la rivière quelques minutes après la mort. Mais cette fois-ci, je suis sûr qu'on va l'arrêter. Nous avons trois suspects au poste.

Nous les avons coincés sur la seule route qui part du pont. Le corps a sûrement été lancé de cet endroit. Mais je vous attendais ; allons au poste pour l'interrogatoire.

Installés dans des cellules séparées, les trois suspects sont assis sur une chaise et menottés à la table qui leur fait face.

– Si c'est bien l'un d'entre eux, nous ne voulons prendre aucun risque, lance Lestrade à Watson, qui semble mal à l'aise face à ce traitement.

Le premier suspect, hors de lui, exige qu'on lui ôte ces menottes : il ne répondra à aucune question tant qu'il sera attaché comme un animal. Sherlock Holmes le remet tout de suite à sa place en lui démontrant qu'en tant que pêcheur, il se rend maintenant compte de ce que cela fait d'être pris au piège. L'homme se calme et répond aux questions. Il vient depuis de nombreuses années dans cette région pour pêcher, car c'est l'un des meilleurs endroits pour trouver des anguilles et des perches franches. Il utilise une canne à pêche à anneaux, avec un moulinet à une vitesse pour ne pas effrayer le poisson. Il aimerait rentrer chez lui.

Le deuxième suspect, un homme plutôt calme mais qui doit bouillir à l'intérieur, demande pourquoi on l'a arrêté de cette manière, assez violemment,

ENQUÊTE N°17

sur le bord de la route, alors qu'il était tout disposé à suivre les forces de l'ordre. Il menace à demi-mot de porter plainte si sa canne à lancer est abîmée et si les agents de police ont perdu le contenu de sa pêche, qui s'élevait à deux truites et deux chevesnes.

Le dernier suspect, agité, essaye de démonter discrètement la fixation des menottes, en vain. C'est un habitué de cet endroit. Habitant de Richmond, il estime que, depuis son achat d'une canne à emmanchement, c'est le meilleur endroit pour trouver mérous et anguilles. Cela dit, malgré son entière coopération, il ne compte pas en rester là et va demander réparation auprès de la ville de Londres pour arrestation abusive.

Prenant une pause autour d'un thé, Lestrade, Holmes et Watson débriefent des interrogatoires.

Le tueur de la Tamise fait-il partie des suspects ?

PANIQUE AU MARCHÉ

Ce samedi matin dans la rue Glentworth, une des rues parallèles à Baker Street, c'est jour de marché. Comme tous les samedis, Sherlock Holmes fait un tour des divers étals de produits en tout genre.

– Bonjour mon ami, dit-il à l'un des vendeurs. Je souhaiterais vous acheter 250 grammes de clous de girofle, un cataplasme d'argile et un peu de cerfeuil.

– Eh bien, Sherlock ! Vous faites d'étonnants achats aujourd'hui ! Que vous arrive-t-il ? demande le vendeur en préparant la commande.

– Sachez, mon cher, que je suis sur le point de créer un vomitif extrêmement puissant ! Mon assistant, le docteur Watson, en fera hélas les frais, car il teste mes recettes, à son insu évidemment.

– Sacré Sherlock ! Toujours à manigancer ! La dernière fois, ne prépariez-vous pas déjà une concoction déclenchant des troubles digestifs sévères ? dit l'homme en ricanant.

– C'est tout à fait cela ! Malheureusement, ma recette a parfaitement réussi et je dirais que mon cobaye préféré n'a réagi que trop bien ! répond Holmes en prenant le sac en papier que lui tend l'homme. Je vous remercie mon brave, à la semaine prochaine !

Holmes s'éloigne quand une femme l'agrippe par la manche. Avec une agilité notable, il dégaine une petite lame de sa ceinture et en quelques secondes seulement, cette lame se retrouve sous la gorge de l'importune.

– Je… Vous… Vous êtes bien Sherlock Holmes ? Le détective privé ? demande-t-elle la voix tremblante.

– Détective conseil, oui. Qui êtes-vous ? répond-il en rangeant sa lame.

– Je suis Mme Sanders, nous avons besoin de vous ! continue-t-elle en sanglotant.

– Nous ?

– Moi et mon mari. Nous étions tous les deux sur le marché avec notre fils John quand ce dernier a subitement disparu.

– Quel âge a-t-il ? demande Holmes.

– Il vient d'avoir 6 ans.

– Où est votre mari ?

– Par ici, suivez-moi.

Quelques instants plus tard, Sherlock aperçoit un homme assis sur un banc, prostré, la tête dans les mains et les yeux baignés de larmes.

– Monsieur Sanders ? Mon nom est Sherlock Holmes, je suis détective, je vais vous aider à retrouver votre fils. Racontez-moi en détail ce qu'il s'est passé.

L'homme lève ses yeux rouges vers Holmes et tente de dire quelque chose, mais ses lèvres tremblent et aucun son intelligible n'en sort. La femme s'écarte un peu de son mari pour lui donner le temps de se calmer puis dit à Holmes :

– Nous étions partis chacun de notre côté, tous les deux persuadés que John était avec l'autre. Patrick, mon mari, discutait avec le boucher, pendant que moi, je faisais discrètement graver un étui à cigarettes pour l'offrir à mon mari lors de son anniversaire. Quand nous nous sommes retrouvés, nous avons découvert avec stupeur que John n'était avec aucun de nous. Nous l'avons cherché dans la rue sans succès.

– Depuis combien de temps est-ce arrivé ?

– Nous nous sommes rendu compte de cela il y a moins de cinq minutes. Quand j'ai aperçu votre silhouette dans la foule, je me suis dit que tout espoir n'était pas perdu de retrouver notre fils.

– Ne bougez pas, je vais appeler du renfort, dit Holmes. Nous allons retrouver votre enfant.

Holmes se dirige en courant vers l'une des extrémités du marché, où il y aura forcément un ou deux policiers en patrouille. Une fois à leur hauteur, il leur explique brièvement la situation. Dix minutes plus tard, le quartier est bouclé par les forces de l'ordre et l'inspecteur Lestrade arrive sur les lieux, à la rencontre des parents.

Le père de famille, très nerveux, fait les cent pas en se rongeant les ongles. Sa femme, plus calme, s'est assise sur un banc et fixe la foule avec des yeux anxieux, à la recherche de la moindre trace de son fils.

Les minutes passent. Holmes, malgré un interrogatoire plus poussé des parents, n'arrive pas à comprendre où a pu passer l'enfant.

Le parc voisin a même été fouillé et fort heureusement, l'enfant n'a pas été retrouvé dans la mare !

Et soudain, c'est le déclic pour Holmes. Furieux, il se tourne vers la mère et lui dit :

– Madame, où avez-vous emmené votre enfant ?

Pourquoi Holmes porte-t-il une telle accusation ?

ENQUÊTE N°19

J'ai tout fait

— Racontez-moi en détail ce qu'il s'est passé, demande sans ménagement un Sherlock Holmes vraisemblablement peu ravi d'avoir dû s'extirper de ses activités dominicales.

– Eh bien, commence Mme Hargreaves, comme je l'ai expliqué à l'inspecteur Lestrade, en début d'après-midi, je suis venu apporter le thé, préparé par la bonne avant son départ, à mon mari, dans son bureau. Je me suis installée dans l'un des fauteuils pour me plonger dans la lecture d'un roman. C'est une petite habitude que nous avons tous les deux, pour passer un peu de temps ensemble. Il faut dire que George était un homme qui travaillait sans relâche. Certains disaient qu'il était marié à son travail et que je n'habitais les lieux que pour lui donner une légitimité mondaine. Ce n'est pas totalement faux, mais je ne m'en suis jamais plainte. Chaque couple fonctionne à sa manière, n'est-ce pas ?

La veuve comprend au regard insistant de Holmes qu'elle doit être plus concise dans ses explications.

– Nous avons alors passé une bonne heure tous les deux dans son bureau, lui à écrire des rapports et des comptes-rendus variés, et moi à lire. Soudain, en plein milieu de sa rédaction, il s'est mis à tousser. Une toux rauque. Il s'est frappé la poitrine à plusieurs reprise, et… pardonnez-moi, l'émotion.

La femme sort un mouchoir en soie et essuie ses yeux embrumés.

– Il m'a regardé en me suppliant de l'aider, mais je ne savais que faire. J'ai compris trop tard qu'il était en train de s'étouffer. J'ai à peine eu le temps de me lever qu'il s'est écroulé de tout son long au sol, inanimé. J'ai quitté précipitamment la pièce pour me rendre au salon et appeler l'inspecteur. J'ai attendu sa venue, assise sur la chaise près du combiné, tétanisée. Mon pauvre chéri.

John Watson, qui accompagne Holmes, se tourne vers Lestrade.

ENQUÊTE N°19

– Mais enfin, inspecteur, pourquoi nous avoir fait venir ? Tout porte à croire que la victime a succombé à une crise cardiaque.

– Je… balbutie Lestrade, j'avais envie d'en avoir le cœur net, sans mauvais jeu de mots.

– Vous avez bien fait, lâche Holmes. Vous avez bien fait. Je crois que sa crise cardiaque n'a rien de naturel et qu'il a été assassiné.

– Holmes, dit Watson les sourcils froncés, vous pouvez m'expliquer ?

Comment Holmes peut-il être sûr de ce qu'il avance ?

ENQUÊTE N°20

CAMERA OBSCURA

« **Semaine de festivités à Londres. Grande exposition dans le quartier de Westminster.** » C'est le titre à la une du quotidien que tient un vendeur de journaux sur Baker Street.

Le jour s'est levé il y a quelques heures, quand résonnent à la porte du 221B des coups répétés ce dimanche matin. Une voix étouffée parvient de derrière la porte.

— Holmes, vous êtes là ? C'est l'inspecteur Lestrade. Je suis désolé de vous déranger de si bonne heure, mais nous avons une affaire de la plus haute importance et…

À ce moment, Holmes ouvre la porte d'un geste franc. En plus de ses traditionnels habits, il porte un grand tablier taché, des gants et une étrange paire de lunettes. Le regard de Lestrade s'arrête sur une cravache fermement tenue dans la main droite de Sherlock.

— Eh bien… je vous dérange sans doute, reprend Lestrade décontenancé par l'étrange tenue de Holmes.

— Je vous en prie inspecteur ! dit Holmes d'un ton jovial en lui faisant signe d'entrer. Watson et moi étions en pleine étude de divers types de parades lors d'agressions au corps à corps. C'est fascinant !

Lestrade pénètre dans l'appartement et découvre un Watson dans le même accoutrement, qui visiblement sert de cobaye à Holmes pour ses expériences. Watson le salue de la main en peinant à se relever.

— Vous me voyez navré de vous interrompre pendant votre séance de… d'entraînement, mais nous avons un meurtre à résoudre, et au vu des circonstances, mes supérieurs m'ont demandé expressément de vous mettre sur l'enquête.

Holmes écoute l'inspecteur tout en ôtant son tablier et ses gants et demande :

— Qui est la victime ?

— La riche héritière d'un empire de la joaillerie, Madame Alicia, répond Lestrade en tendant une photo à Sherlock.

— Êtes-vous sûr qu'il s'agit bien d'un meurtre ? demande Watson. Il me semble que cette brave dame n'était plus toute jeune.

— J'ai bien peur que oui, répond Holmes en tournant la photo vers son ami.

ENQUÊTE N°20

Bien qu'étant médecin, Watson réprime un haut-le-cœur en voyant la photographie de Mme Alicia. Pendue par les pieds au milieu de son salon, elle a été poignardée.

— Effectivement, dit-il une fois la surprise passée. Vous avez des suspects ?

— Oui, trois : ses enfants. Et c'est bien là le problème, ils avaient tous, à leur manière, une raison de vouloir sa mort. Mme Alicia les avait convoqués ce matin à 8 h 10 précises, chez elle, pour discuter de l'héritage familial, et j'imagine que quelque chose n'a pas dû plaire à l'un d'eux.

— Permettez que nous finissions de nous changer et nous vous suivons, inspecteur. Prenez une tasse de thé en attendant.

Sur le chemin, Lestrade ajoute que c'est la jeune Kathy, la benjamine de la fratrie, qui a découvert le corps de sa mère. Elle est revenue au domicile de Mme Alicia environ trois bons quarts d'heure après leur réunion, sur les coups de 9 h 35, car elle avait oublié son foulard. La porte était entrouverte et, quand elle l'a poussée, elle a découvert sa mère, morte.

Quelques dizaines de minutes plus tard, arrivés au poste de police, Holmes et Watson auditionnent les trois suspects.

Le premier à pénétrer dans la salle est l'aîné de la fratrie. Il explique qu'il aurait dû prendre la tête de l'entreprise familiale, mais que s'étant fâché avec sa mère, il fut rayé de la liste des héritiers potentiels il y a quelques années. Il ajoute que c'est sa sœur qui a insisté pour qu'il vienne à cette réunion, dans l'espoir d'arranger ces histoires familiales.

Malheureusement, son train ayant été annulé en raison d'un mouvement de grève ce matin, il n'est arrivé qu'à 9 h 45 à la gare londonienne. Comme preuve, il montre son billet de train, composté le jour même.

C'est ensuite au tour de la benjamine d'entrer dans la salle d'interrogatoire. Elle confirme l'alibi de son frère aîné, soulignant le fait qu'elle a bel et bien insisté pour qu'il vienne à cette réunion. Elle explique ensuite que la mort de sa mère ne changera rien pour elle, au niveau de l'héritage, car Mme Alicia ne voulait pas que sa fille prenne sa suite, sans doute pour ne pas éclipser sa notoriété. Elle est juste triste d'avoir perdu sa mère et d'avoir découvert la première son cadavre. Elle n'a pas d'alibi, elle marchait

dans la rue quand elle s'est aperçue qu'elle avait oublié son foulard. Elle a rapidement fait demi-tour et en arrivant au domicile de sa mère, elle… Elle ne parvient pas à finir sa phrase, fond en larmes et quitte la pièce, accompagnée par un officier de police.

C'est au tour du dernier garçon d'entrer dans la pièce : voici donc l'héritier désigné par la victime, se dit Watson. Visiblement bouleversé par le décès aussi soudain que violent de sa mère, il a du mal à trouver ses mots. Il parvient tout de même à expliquer qu'il n'était pas prêt à assumer si vite de telles responsabilités. Diriger une entreprise de cette taille exige une véritable préparation. Quand Holmes demande, avec son tact habituel, s'il a un alibi pour l'heure présumée du meurtre, entre le moment où la réunion s'est terminée et celui où sa sœur a découvert le corps, il tend une photo expliquant qu'il venait tout juste de la faire développer quand les officiers sont venus le chercher. C'est une photographie du Parlement de Londres, ornée d'une banderole présentant une exposition, avec un beau soleil à côté de la tour Élisabeth. Vu l'angle, elle a été prise depuis le pont de Westminster.

Watson utilise la loupe de Holmes et distingue l'heure sur l'horloge : 9 h 15. Après un bref coup d'œil sur un plan de la ville, il fait remarquer discrètement à Holmes qu'il faut au moins trente minutes pour se rendre du domicile de Mme Alicia jusqu'au Parlement. Il n'aurait donc pas eu le temps de faire l'aller-retour.

L'homme quitte la pièce et les deux détectives restent silencieux un moment.

Watson se lève et dit :

— Holmes, je vais aller chercher Lestrade ; il faut que ses hommes poursuivent les recherches, nous n'avons pas la moindre idée de qui a tué Mme Alicia. Plus nous attendons, plus le coupable sera loin !

— Rassurez-vous mon cher Watson, rassurez-vous. Le coupable est beaucoup plus proche de vous que vous ne le pensez !

Qui est le coupable selon Holmes ?

ENQUÊTE N°21

MEURTRE À DOMICILE

C'est lors d'une visite de courtoisie que le juge Sir Mc Loede est retrouvé mort à son domicile par l'inspecteur Lestrade. La scène de crime est assez insupportable à regarder. Le juge a sans aucun doute été la victime d'un sadique qui a cherché à se venger. Il a été poignardé à de multiples reprises. Réprimant un haut-le-cœur, Lestrade appelle directement Holmes et Watson, qui arrivent quelques dizaines de minutes plus tard.

Malgré l'expérience en médecine du docteur Watson, il lui est difficile, au premier abord, de regarder le corps tant les mutilations sordides dont a été victime le pauvre homme le révulsent. Après observation, la cause du décès semble être l'asphyxie. On lui aurait mis une corde de force dans la bouche jusqu'à l'asphyxie et la mort.

Rapidement, l'affaire est à la une de tous les journaux et tabloïds de la région : « Le juge Mc Loede assassiné ! Le meurtrier s'est acharné ! »

Heureusement pour les lecteurs, aucun détail vulgaire n'a été retranscrit dans les papiers. On y apprend juste que le juge est mort chez lui, assassiné, et qu'une enquête est en cours.

Sherlock fait convoquer les employés de maison de Sir Mc Loede, mais tous ont un alibi pour le soir du crime. Personne n'était présent au domicile du juge, qui leur avait donné la soirée.

Mlle Pantenone, la cuisinière, une femme d'une soixantaine d'années, n'ose pas imaginer ce qui a pu se passer. Elle est terrifiée à l'idée de retourner dans cette maison. Elle aimait bien son patron, et lui préparait souvent des petits plats à base de fruits de mer.

M. Lawn, le jardinier, un homme bien bâti d'une quarantaine d'années, n'avait que peu de contacts avec son patron. Les relations humaines, ce n'est pas son fort. Malgré tout, il éprouve une certaine peine pour le juge. Mourir étouffé de la sorte, cela a dû être horrible. Il apportera

des roses blanches du jardin à l'enterrement, c'étaient les préférées de Sir Mc Loede. C'est le moins qu'il puisse faire pour lui rendre hommage.

M. Fullfred, le majordome, un homme frêle d'une soixantaine d'années, déplore la perte de son patron. Cela faisait plus de quarante ans qu'il était à son service. Certes, Mc Loede avait déjà eu la main lourde une fois ou deux quand il était jeune, mais avec le métier difficile qu'il exerçait, impossible de lui en vouloir. C'était un chic type. La veille, il recevait « secrètement » ; c'est pour cela que le personnel avait quartier libre. Pour satisfaire son patron, le majordome avait fait préparer un repas froid et du bon vin, déposés directement dans sa chambre. Il s'inquiète pour la suite des événements et pour l'avenir de son poste.

Une fois tous les employés sortis, l'inspecteur questionne Sherlock.

– Allez, mon ami, faites-moi plaisir : dites-moi que vous connaissez le coupable. J'ai vraiment besoin de votre aide sur ce coup !

– Je pense que nous n'avons pas assez d'éléments, prévient Watson. Vous savez aussi bien que nous, inspecteur, qu'il est dangereux de se lancer dans des hypothèses dès le début d'une enquête. D'ailleurs…

– Watson ! l'interrompt Sherlock d'un ton sec. Arrêtez votre blabla. Je connais l'identité du meurtrier.

Qui a sauvagement assassiné le juge Mc Loede ?

ENQUÊTE N°22

L'ART TRISTE

Watson, confortablement allongé sur le canapé du salon, lit la dernière monographie de Holmes traitant du développement larvaire de *Lucilia sericata* – une espèce de mouche. La particularité de cette dernière est de se reproduire principalement dans les cadavres. Holmes tire dans son ouvrage certaines conclusions qui permettent de dater, à quelques heures près, la mort d'une personne. C'est fascinant.

En parlant de Holmes, le voici qui se tient debout, en pardessus, à deux mètres du canapé. Il fixe Watson, qui baisse lentement son livre pour jeter un coup d'œil intrigué à son ami.

– Vous me faites peur, Holmes, qu'y a-t-il ?

Sherlock ne répond rien. Il continue de regarder John fixement.

– Oui ? demande Watson de plus en plus intrigué.

Un silence gênant s'installe entre les deux hommes. Ils se regardent en chiens de faïence, puis, soudainement, Holmes lance à Watson son manteau. Ce dernier le reçoit en plein visage.

– Nous avons une affaire, n'est-ce pas ? dit-il d'une voix étouffée par l'habit.

– Il vous en a fallu du temps pour comprendre, mon ami ! J'imagine aisément que votre lecture est des plus intéressantes, mais veuillez vous dépêcher, s'il vous plaît. Le responsable du British Museum a besoin de nous !

– Le British Museum ? répète Watson. Ne me dites rien : on leur a volé quelque chose !

– Élémentaire, mon cher Watson, lui rétorque Holmes. En route !

Arrivés dans la rue Great Russell, les deux détectives passent les belles grilles de fer forgé, traversent la cour et pénètrent dans le musée par les imposantes portes en bois. Ils sont accueillis par Sir Jacobs, le directeur du musée, qui les conduit illico à l'endroit où le vol a eu lieu, la salle des expositions temporaires.

– Messieurs, ce qu'il est passé est une catastrophe. Une catastrophe nationale, voire internationale. Laissez-moi vous expliquer, commence-t-il.

– Depuis une semaine étaient exposées dix-huit toiles de Claude Monet dans cette galerie, n'est-ce pas ? demande Holmes en coupant la parole au directeur du musée.

– Eh bien, oui, tout à fait, répond Sir Jacobs en balbutiant.

– Et si je ne m'abuse, il n'y a plus que quinze œuvres accrochées au mur, renchérit Watson.

– C'est exact, approuve Jacobs.

– Et pour être précis, ce sont *La Promenade*, *Le Bassin aux nymphéas* et

Les Coquelicots qui manquent, n'est-ce pas ? Inutile de répondre M. Jacobs, nous ne pouvons rien pour vous, dit Holmes d'un ton condescendant. Venez Watson.

Tout aussi surpris que le directeur, Watson suit Holmes jusqu'à la sortie du musée, laissant le pauvre Jacobs, les bras ballants, sur le parvis.

Avant que Watson ne puisse dire un mot, Holmes s'exclame :

– Ne vous en faites pas Watson, dans quelques jours nous y verrons plus clair. Faites-moi confiance !

Puis il reprend sa marche en direction du 221B.

Quelques jours plus tard, Holmes et Watson sont contactés de nouveau par le musée. Ils s'y rendent et découvrent que les dix-huit œuvres sont présentes. Les trois tableaux disparus sont de nouveau accrochés, intacts. Un homme d'un certain âge, muni d'une loupe, regarde attentivement les toiles.

Lestrade est cette fois-ci sur les lieux et accompagne le directeur.

– Ah, mes amis ! dit l'inspecteur en tendant un document à Holmes, regardez ce qui accompagnait les œuvres lorsqu'elles ont été retrouvées ce matin.

– Un manifeste ? demande Holmes

– Parfaitement, une longue lettre d'une dizaine de pages sommant la couronne d'Angleterre d'allouer plus de moyens aux artistes et aux lieux culturels.

– Intéressant, dit Sherlock en feuilletant rapidement les pages. Et lui, qui est-ce ?

Holmes désigne l'homme qui étudie les toiles de près.

– C'est le professeur Sir Tifikat, un expert artistique mandaté par le musée pour authentifier les toiles. Il est là depuis ce matin mais, selon lui, il s'agit bien des originaux. Rassurant, n'est-ce pas !

– Effectivement, intervient Watson qui n'avait dit mot depuis son arrivée. Holmes, vous permettez ? dit-il en se déplaçant vers l'expert. Bonjour monsieur, je suis le docteur John Watson.

– Bonjour monsieur, dit le professeur sans même jeter un œil à Watson.

– Alors toutes ces toiles sont authentiques, n'est-ce pas ?

– Effectivement, toutes, sans exception.

– Cette histoire est tout de même incroyable. Voler des œuvres pour les rapporter quelques jours plus tard. Tout cela pour attirer l'attention du public et des médias.

ENQUÊTE N°22

– Oui, c'est vrai ! C'est étonnant. Mais celui qui a fait cela a réussi son coup : c'est à la une de tous les journaux quotidiens.

– Il est vrai, dit Watson. Fort heureusement, il n'a abîmé aucun tableau. S'il avait déplacé *Le Déjeuner sur l'herbe*, il aurait pu le fragiliser plus qu'il ne l'est déjà ! C'est un esthète qui a fait le coup !

– C'est vrai qu'il a su choisir ses toiles. Ce que vous me dites me donne des frissons, dit l'homme en regardant Watson pour la première fois.

– Je ne vous dérange pas plus, vous avez sûrement beaucoup à faire. Au revoir, professeur.

– Au revoir, jeune homme.

Watson retourne auprès de Holmes. Et lui glisse quelques mots à l'oreille.

Holmes éclate de rire.

– Bien joué Watson, bien joué ! Lestrade, ces tableaux sont des faux.

Pourquoi Holmes insinue-t-il cela ?

ENQUÊTE N°23

VOL AU MUSÉE

Le directeur du musée est très inquiet. Il a appris, par bouche-à-oreille, qu'un vol allait être commis aujourd'hui dans son musée. Il fait aussitôt appel à Sherlock Holmes et au Dr Watson, et leur demande de passer la journée au musée pour empêcher le vol d'avoir lieu.

Malheureusement, lors d'une ronde, le directeur découvre qu'un très vieux parchemin signé de la main de Marie Stuart a été dérobé. Les portes du musée sont aussitôt fermées. Holmes se remémore alors les allées et venues de la journée.

Sachant qu'un parchemin aussi précieux n'a certainement pas été plié ou mis en boule, qui est responsable du vol ?

ENQUÊTE N°23

ENQUÊTE N°24

Au vol !

Par une belle journée ensoleillée, assis confortablement sur une couverture posée dans l'herbe bien verte de Hyde Park, Holmes et Watson, adossés à un arbre, observent les passants.

La cloche de l'église Saint-James sonne quatre coups.

- Ah ! C'est l'heure du thé, dit Watson d'un air jovial, tout en sortant un objet cylindrique de son sac. Regardez ce que j'ai apporté : j'ai acheté ce magnifique objet la semaine passée et je suis ravi de le tester en votre présence !

- Qu'est-ce donc, mon cher ? demande Holmes intrigué. Une bouteille métallique ?

- Plus que cela, c'est une bouteille isotherme ! Elle est censée garder la chaleur pendant quelques heures. J'y ai glissé de l'eau bouillante avant de partir, de telle sorte que nous allons pouvoir boire un bon thé chaud sans quitter le parc !

- Merveilleux Watson, vous m'épatez.

Pendant que Watson prépare les deux tasses de thé, Holmes étudie les personnes présentes dans le parc.

Au bout d'une petite heure, Holmes dit :

- Observez, mon cher Watson, et apprenez à repérer le larcin. Regardez la femme en robe à fleurs qui se dirige vers le couple avec enfant. Ces deux jeunes gens pique-niquent avec leur nouveau-né dans le landau. Remarquez la démarche de la jeune femme qui approche, sa tenue, sa façon presque imperceptible de lancer des regards séducteurs à l'homme. La voici à leur niveau, elle entame la conversation. Oh ! Joli, digne d'une professionnelle !

- Vous voulez dire que cette jeune femme est une belle-de-nuit ? s'étonne Watson.

- Pas le moins du monde ! répond Holmes, focalisé sur les gestes de la femme. Et voilà, regardez-la repartir en lançant un dernier sourire.

- Eh bien, je ne vois rien de spécial !

- Et pourtant mon ami, cette jeune femme vient d'alléger le jeune couple de leur portefeuille avec une agilité qui n'a rien à envier à mon sens de la déduction.

- Nous devons intervenir ! dit Watson tout en se levant d'un bond, renversant à moitié sa tasse de thé.

ENQUÊTE N°24

- Je pense que nous avons plus important à faire, répond Holmes de son ton traditionnellement calme.

- Ah ? Et quoi donc ? Nous venons d'être témoins d'un vol à la tire ; nous devons au moins prévenir la sécurité du parc ou la police.

- C'est déjà fait, dit une voix derrière Watson.

- Inspecteur Lestrade ? Que faites-vous ici ?

- Nous avions chargé Holmes de dénicher le pickpocket qui sévissait dans ce parc depuis quelques semaines, et c'est chose faite. Mais malheureusement, vous n'allez pas pouvoir profiter du parc plus longtemps : je suis venu vous chercher car un vol a été commis à l'hôtel des ventes et j'ai besoin de votre aide.

- Ah, très bien ! Je commençais à trouver le temps long, dit Holmes avec enthousiasme.

Sur le chemin qui les sépare de l'hôtel des ventes, l'inspecteur raconte aux deux hommes la situation.

Un sceptre antique a été dérobé au premier étage de l'hôtel particulier, l'étage des ventes. Il était présenté à l'occasion d'une vente privée réservée à des membres triés sur le volet.

À leur arrivée, le responsable des ventes, un homme très guindé d'une quarantaine d'années, habillé en costume trois-pièces agrémenté d'un couvre-chef et d'un parapluie, accueille les trois hommes.

- Bonjour, messieurs. Enchanté de faire la connaissance d'une personne aussi illustre que vous, bien que j'eusse aimé que cette rencontre eût lieu dans des circonstances bien plus plaisantes !

- Bonjour monsieur, répond Holmes qui ne doute pas une seconde que l'on s'adresse bien à lui et non à Watson. Exposez-nous les faits, je vous prie.

- Tout s'est passé très vite, nous avons ouvert l'étage des ventes privées à nos membres les plus émérites.

- Les plus aisés, c'est bien cela ? demande Watson d'un ton amusé.

ENQUÊTE N°24

L'homme lui adresse un regard du coin de l'œil, feignant de ne pas avoir entendu cette remarque désobligeante.

- Cet après-midi, à 16 h 15, il y a eu une coupure de courant qui n'a affecté que le premier étage et qui n'a duré qu'un quart d'heure. J'étais dans mon bureau en train de finir mon thé quand le vol s'est produit. Mes soupçons se portent déjà sur trois personnes.

- Vraiment ? Lesquelles ? demande Holmes.

- Voyons, il y avait M. Hasting, un homme grand, tout vêtu de noir, avec un chapeau melon et un grand sac qu'il emporte partout avec lui. Je l'ai croisé juste avant de prendre ma pause. Il aurait très bien pu glisser le sceptre dans son sac ! Il y avait également Mme Johnson, une flûtiste qui présentait, à l'étage inférieur, les nouveaux instruments à vent que fabrique son mari. Je n'ai pas osé la fouiller, mais je suis convaincu que l'objet volé peut tout à fait être caché dans l'un des étuis de ses instruments. Et enfin M. Potter, un homme d'affaires sans remords, toujours prêt à vous vendre quelque chose dont vous n'avez pas besoin. Il est descendu précipitamment au rez-de-chaussée quand le courant est revenu.

- Je vois, dit Holmes dubitatif. Sont-ils toujours sur place ?

- Oui, répond Lestrade, hormis M. Hasting, qui avait déjà quitté les lieux lors de notre arrivée.

Holmes et Watson s'approchent des deux suspects encore présents. M. Potter, en bras de chemise, discute avec Mme Johnson. D'un ton charmeur, il complimente la jeune femme. Il lui révèle qu'il a apprécié ce quart d'heure dans le noir, car il a eu l'occasion d'écouter sa délicate musique, et qu'il est ravi de découvrir à présent que la musicienne est aussi ravissante. Il demande ensuite à un agent d'avoir la gentillesse de lui descendre sa veste qu'il a oubliée dans la salle des ventes : il aimerait récupérer son portefeuille et inviter la jeune femme à dîner.

- Ne nous attardons pas, Watson, je sais qui a le sceptre en sa possession.

Qui a dérobé l'objet de collection ?

ENQUÊTE N°25

HYDE PARK

C'est dans un coin ombragé de Hyde Park qu'un mafieux notoire, le baron Frigel, vient de perdre la vie. Étalé au sol près d'un banc, l'homme semble avoir été pris d'un spasme fatal. Ses mains contractées et son visage crispé témoignent de la douleur qu'il a pu endurer avant de trépasser.

Les seuls témoins, Roger et Marcus, deux vieux messieurs, étaient attablés non loin et jouaient tranquillement aux échecs quand l'homme s'est écroulé au sol.

— J'ai remarqué qu'une jeune femme s'est approchée de lui il y a une petite dizaine de minutes, dit Roger.

— Comment ne pas la remarquer ! Sa robe cramoisie ne passait pas inaperçue, renchérit Marcus.

— Vous pensez qu'elle a pu le tuer ? demande Roger.

— Ce serait une douce mort, dans ce cas, dit Marcus.

— Je ne comprenais pas pourquoi elle était partie aussi précipitamment, coupe Roger. Maintenant, tout s'explique.

— Tu penses que c'est une espionne de Sa Majesté ? demande Marcus.

— Sans aucun doute, lui répond Roger. Tu as vu quelque chose de suspect ?

— Hormis sa beauté ? Non, rien, dit Marcus.

— Par où est-elle partie ? demande John Watson qui se trouve à côté des deux hommes.

— Il me semble qu'après l'avoir embrassé dans le cou, elle est partie vers le nord, dit Marcus.

— Tout à fait, répond Roger, je n'aurais pas dit mieux.

Sherlock Holmes, qui est alors près du corps de la victime, regarde attentivement son cou. Un petit trou y est visible et la peau est irritée tout autour.

— Watson, venez voir, dit-il.

Le docteur accourt et découvre ce qui ressemble à un point d'injection.

— C'est certainement un poison rapide. De la strychnine ou de l'herbe sardonique.

— Intéressant, se contente de dire Holmes avant de s'approcher des deux hommes. Messieurs, merci pour votre aide.

ENQUÊTE N°25

— Mais de rien, répond l'un.

— C'est tout naturel, dit l'autre.

Holmes s'adresse soudain à l'inspecteur Lestrade qui est à l'écart.

— Lestrade, arrêtez ces deux hommes.

Comment Holmes peut-il être aussi sûr de lui ?

ENQUÊTE N°26

ÉCHEC ET MAT

John Watson s'affaire dans la cuisine à préparer le thé pour Sherlock Holmes et son client, un certain Dany Dubridge.

Depuis sa position, Watson observe avec attention l'individu. C'est un homme d'une soixantaine d'années, élégamment vêtu d'une veste crème et d'un pantalon noir. Il est chauve, mais sa barbe blanche bien entretenue et ses yeux noirs perçants lui donnent l'aspect d'un homme tout à fait charmant. Tout en versant l'eau chaude dans les tasses, Watson écoute la conversation des deux hommes…

– C'est donc vous l'auteur de cette annonce parue dans le journal ? demande Sherlock Holmes, en tendant à son interlocuteur un imprimé sur lequel un texte est entouré en rouge.

– Tout à fait, répond M. Dubridge. La police locale n'ayant pas la moindre piste, je ne savais pas comment faire pour retrouver mon trophée volé ; alors j'ai passé cette annonce dans le *London Times* en espérant que quelqu'un puisse mener l'enquête ! Quand j'ai lu dans l'édition de ce matin que vous aviez mis la main dessus, j'ai tout de suite accouru chez vous. Vous êtes un enquêteur de génie, M. Holmes, dit-il en regardant la somptueuse sculpture en bronze trônant au milieu de la table.

Bien calé dans son fauteuil et impassible face à ce compliment, Sherlock Holmes regarde l'homme fixement, droit dans les yeux. Un silence pesant s'installe dans la pièce, puis le détective reprend la parole.

– Pourriez-vous m'expliquer dans quel cadre vous avez reçu ce trophée ? demande Holmes.

– Bien sûr ! répond M. Dubridge avec un grand sourire. Je l'ai gagné lors de ma victoire au dernier tournoi d'échecs de Brighton l'an passé. C'est l'une de mes plus grandes fiertés ; je me suis entraîné des années pour ce tournoi. Voilà pourquoi ce trophée est des plus précieux pour moi, et je ne parle pas de sa haute valeur marchande : presque 15 000 livres !

– Pardonnez mon impolitesse mais je serais ravi de vous affronter sur une partie, dit Sherlock dont le visage vient de s'illuminer. Les bons adversaires sont si rares de nos jours !

– Ce serait un honneur de jouer contre vous, M. Holmes.

Aussitôt dit, Holmes attrape sur une petite étagère derrière son siège un plateau et une boîte d'échecs.

– Ah, vous désirez jouer ici et maintenant ? demande Dany Dubridge.

– Exactement. Je souhaiterais continuer de discuter avec vous des circonstances du vol de votre bien tout en jouant. J'aimerais coincer le larron qui vous a subtilisé votre trophée. Je n'ai pas beaucoup d'affaires intéressantes en ce moment et celle-ci, allez savoir pourquoi, me passionne !

– Eh bien, vous me voyez ravi de vous donner une occupation des plus palpitantes, répond l'homme tout en plaçant ses pions sur le plateau de jeu. Mais je crains fort de ne pas pouvoir vous apporter beaucoup d'informations. Je revenais de vacances à l'étranger et en rentrant chez moi, j'ai trouvé un carreau de fenêtre fracassé et ma statuette dérobée.

Tout en écoutant son client, Sherlock Holmes ouvre la partie en déplaçant un pion de deux cases en avant. M. Dubridge, en continuant à expliquer le drame, fait de même.

Les deux hommes, concentrés, poursuivent ensuite leur affrontement en silence.

Watson apporte les tasses de thé, sûrement froides depuis le temps, et les dépose sur la table à côté du plateau de jeu. Mais cela ne semble pas perturber les deux adversaires dans leur lutte stratégique.

Les coups s'enchaînent sans répit. Quand l'un attaque, l'autre riposte avec brio. Sherlock place sa tour en E7, mettant le roi de son adversaire en échec. Il semble avoir le dessus, mais M. Dubridge ne se laisse pas abattre : il déplace son fou de B5 en E5, bloquant de ce fait la tour et reprenant visiblement l'avantage.

– Veuillez m'excuser, dit Holmes un peu gêné, jc reviens tout de suite. J'ai dû abuser du thé avant votre venue, je dois satisfaire à la nature.

Le détective se lève et se dirige vers le couloir de l'appartement.

Au bout de quelques instants de silence gênant, M. Dubridge adresse la parole pour la première fois à Watson :

– Quel homme formidable, ce Sherlock Holmes ! Cela doit être très stimulant et fascinant de travailler à ses côtés, non ?

– Dans un sens oui, répond Watson, mais je…

Il est interrompu dans sa phrase par Sherlock qui pénètre dans la pièce.

– Allons, cher ami, ne perturbez pas notre invité. Nous avons une partie à finir et je doute qu'il soit très intéressé par votre conversation.

On aurait giflé Watson que cela n'aurait pas été plus douloureux. Vexé, il retourne d'un pas rapide dans la cuisine. Marmonnant dans son coin, il jette de temps à autre un coup d'œil dans le salon pour suivre l'évolution de la partie, tout en espérant secrètement assister à une défaite cuisante de Sherlock.

Une tasse de thé plus tard, des bruits sourds résonnent dans l'escalier et quelqu'un tambourine à la porte de l'appartement de Holmes.

– Watson, dit Holmes, allez voir ce que c'est !

Machinalement, Watson se dirige vers la porte et ouvre. Pénètrent alors dans l'appartement l'inspecteur Lestrade et deux officiers de police.

Sans se retourner, Sherlock leur adresse la parole.

– Messieurs, soyez les bienvenus. Inspecteur, je vous présente

ENQUÊTE N°26

Dany Dubridge, ou du moins l'homme qui prétend l'être, dit Sherlock en pointant son adversaire à l'aide du cavalier qu'il vient de lui prendre. Cet homme a voulu voler le trophée que je viens tout juste de retrouver.

Sherlock lève la tête vers Dubridge.

– Échec et mat, mon cher ! Merci pour cette partie fort intéressante.

Dubridge se redresse sur son fauteuil, incrédule. Puis, croisant le regard noir et assuré de Holmes, et comprenant qu'il ne pourra ni objecter ni fuir, il se résigne et laisse les deux officiers de police l'embarquer.

Watson assiste à la scène les yeux écarquillés. Il salue l'inspecteur Lestrade et ses officiers quand ils quittent les lieux, puis se tourne vers Holmes qui remet tranquillement les pièces du plateau en ordre.

– Finalement, ce n'était pas un si mauvais adversaire. Une partie, Watson ?

Comment Sherlock a-t-il su que l'homme qui se faisait passer pour Dany Dubridge était un imposteur ?

ENQUÊTE N°27

Sacrée soirée

John Watson est convié par d'anciens collègues, également docteurs en médecine, qui se sont réunis pour former un groupe de réflexion et de travail. Ravi de l'invitation à cette soirée privée, il propose à Holmes de l'accompagner : cela les changera de leurs soirées remplies de crimes, de vols et de violences en tout genre ! Après un trajet sans encombre, les deux hommes arrivent devant un somptueux manoir. Accueillis comme des personnages de haut rang, ils sont invités à pénétrer dans le salon.

– Ah ! Docteur ! s'exclame un homme d'une soixantaine d'années légèrement bedonnant, les bras grands ouverts vers Watson. Si vous saviez comme je suis heureux de vous revoir !

Il se tourne vers Sherlock.

– Et vous devez être M. Holmes, dit-il. Je suis absolument ravi de faire votre connaissance. Votre ami nous a souvent parlé de vous. Soyez assuré que vos exploits vous précèdent !

– Eh bien, merci, répond Holmes, étrangement gêné.

Lui qui déteste les compliments, il est servi !

– Si vous saviez comme nous sommes fiers du docteur Watson, continue l'hôte avec un impressionnant débit de parole. C'est un homme extraordinaire.

ENQUÊTE N°27

Savez-vous que, pendant nos études, il entretenait une véritable passion pour la dissection ? Il l'a toujours nié, mais on l'a surpris plus d'une fois ! Vous a-t-il raconté que c'est lui qui a mis au point une méthode pour dépister le souffle systolique ? Oh, je serais ravi que vous nous parliez d'une de vos histoires ! Je suis sûr que vous en avez une ou deux assez sanguinolentes sous le coude, finit-il avec un clin d'œil appuyé.

– Nous verrons cela au cours de la soirée, George. Présentez-nous d'abord à vos autres convives, répond Watson d'un ton amical, venant au secours de son ami.

Après les présentations, les éloges qui fusent, un bon repas bien arrosé et quelques anecdotes « croustillantes » de Holmes, dont la langue s'est quelque peu déliée, l'un des invités prend la parole.

– Eh bien, mes amis, j'ai eu moi-même une enquête à résoudre. Une enquête qui inclut un fantôme, et cela dans mes propres murs ! dit James, un homme d'une cinquantaine d'années.

– Oh oh ! s'exclame un Watson quelque peu guilleret. Faites-nous part de votre aventure ! Nous sommes tout ouïe.

– Vous savez que mon manoir en Écosse est supposé être hanté, comme presque tous les manoirs de la région, me direz-vous. Eh bien, un matin, alors que j'étais seul dans la demeure avec mon domestique, le bon au porteur de 45 000 livres que je tiens de mon grand-père, qui était toujours rangé dans mon bureau, avait disparu ! Si, si ! Disparu. Il n'était plus là. Au début, j'ai cru qu'on me faisait une farce. J'ai commencé à chercher dans les tiroirs, dans mes porte-documents, mais rien. Et c'est là que mon domestique est entré dans la pièce, le visage pâle, un regard noir et plein d'effroi. Il m'a dit : « Monsieur, c'est le fantôme de votre grand-père qui est venu récupérer son bien. Vous devriez partir avant qu'il ne vous fasse du mal ! »

L'assemblée frissonne de surprise. C'est à ce moment que les digestifs sont apportés et que chacun se sert un bon verre de scotch. James continue son histoire.

– J'ai commencé à rire, mais mon domestique n'avait pas l'air de plaisanter. Il est resté droit comme un piquet et m'a répété la même chose.

– Qu'est-ce que vous avez fait, alors ? demande Watson en avalant une rasade de son verre.

– J'ai continué mes recherches toute la journée en vain, avec cette idée en tête que mon grand-père me voulait du mal. Puis le soir, ayant du mal à fermer l'œil, je me suis levé pour me faire un café et j'ai vu de la lumière sous la porte de mon bureau. Prenant mon courage à deux mains, j'ai attrapé le tisonnier du salon et j'ai ouvert la porte de mon bureau en grand, prêt à affronter tant bien que mal une créature éthérée venue du tréfonds des enfers. Je n'ai découvert que mon domestique en train de récupérer le bon au porteur qu'il avait soigneusement caché dans un livre, entre les pages 15 et 16. Vous voulez connaître le titre du livre qu'il avait choisi ? *Le Chien des Baskerville*. Et, tenez-vous bien, ça parle de créatures démoniaques, de fantômes et de mort.

Un silence s'abat sur la pièce. Tout le monde est stupéfait du courage et de la perspicacité de James. Ils sont tous pendus à ses lèvres. Tous, sauf un : Holmes.

– Vous êtes doué pour raconter des histoires. Vraiment, vous avez un don pour la dramaturgie et vous savez tenir votre public en haleine. Mais ce ne sont que des histoires, car rien de tout cela n'est vrai ! N'est-ce pas ?

Pourquoi Holmes doute-t-il de la véracité de l'histoire ?

Enquête N°28

Alibizarre
'est une tragédie. Hier soir, vers 22 heures, 'ai découvert que ma collection complète de ipes venait d'être volée. Je suis sûr qu'elle tait intacte deux heures plus tôt, je venais e la montrer à des amis que j'avais invités à îner. M. Holmes, je vous en prie, retrouvez ma collection !
M. Graffin, je vois que la vitrine n'a pas été forcée. Quelqu'un avait-il les clefs ?
Vous ne croyez tout de même pas que quelqu'un de la maison aurait pu faire cela ? Notre personnel ne sait pas où est gardée la clef de la vitrine. Seuls Margaret, ma femme, John, mon fils aîné et Cathy, ma fille, connaissent cet emplacement. Mais je pense que vous faites fausse route, détective.
Vous savez, M. Holmes, je n'ai que faire de la collection de mon mari. 'est son passe-temps, il aime à les egarder et les collectionner, mais e ne pense pas que tout ceci ait une quelconque valeur !
Où étiez-vous hier entre 20 heures et 22 heures ?
À table voyons, avec nos invités ! Si vous voulez mon avis, je dirais qu'il se peut que ma fille ne soit pas étrangère à la disparition de cette collection. Elle ne supportait pas de voir toutes ces babioles prendre la poussière.
onjour Mademoiselle. Où iez-vous hier entre 20 eures et 22 heures ?
Mon père ose me suspecter de vol ? Cela ne m'étonne guère ! J'étais dehors avec des amies, nous sommes allées dîner au restaurant. Regardez sur mon bureau, il y a le reçu.
Facture
au nom de
Cathy Graffin
pour 3 repas.
Heure de prise
de commande
19h50
Heure de facturation
21h55
Bonjour Monsieur, vous êtes au urant pour le vol ? étiez-vous entre 20 heures et 22 eures, hier soir ?
Je n'arrive pas à croire que mon père me pense capable d'une telle chose ! J'étais au théâtre avec ma fiancée.
Puis-je avoir le nom de votre fiancée ? Cela me permettrait de confirmer vos propos.
Palace Theatre
ADMISSION TICKET
05758745
Inutile de la déranger avec cela, tenez, regardez, voilà les contremarques.
M. Graffin, n'ayez crainte, vos pipes ne sont pas loin, elles doivent même certainement être toujours dans la maison.
Qui a volé la collection de M. Graffin ?

ENQUÊTE N°29

QUESTION DE BALLE

Une enveloppe blanche bordée d'un fin liseré noir vient d'être glissée sous la porte de l'appartement du 221B Baker Street.

Sherlock Holmes étant fort occupé dans la cuisine à peaufiner une expérience qui étayerait l'une de ses nouvelles théories, John Watson se lève pour aller récupérer l'enveloppe.

– Holmes, nous venons de recevoir un faire-part pour la mise en terre de Mark Boden. Ce nom vous évoque-t-il quelque chose ?

Un bruit de verre retentit dans l'appartement. Holmes, en entendant ce nom, a lâché ce qu'il tenait entre les mains.

– Boden... dit Holmes dans un soupir. Je le pensais immortel. C'était un ancien combattant, une pointure en la matière, qui m'a appris beaucoup de choses à mes débuts.

– Une sorte de mentor ?

– Exactement, le seul que j'ai eu, le seul qui connaissait certains de mes secrets. Il en a vu des champs de bataille, ce pauvre homme. Qu'il repose en paix !

Holmes reste silencieux quelques instants.

– Saviez-vous qu'il était l'un des rescapés de la terrible offensive de la cavalerie pendant la guerre de Crimée ? Grâce aux forces françaises présentes sur place, il s'en sortit quasiment indemne et seule sa main gauche resta sur le champ de bataille.

Holmes laisse échapper un ricanement et continue :

– Il disait toujours : « On a perdu la bataille, mais un peu de moi résiste toujours là-bas ! »

– En parlant de sa main ? dit Watson étonné.

– Oui, c'était son genre d'humour, un peu décalé et pas forcément très drôle.

Sherlock se tait quelques instants puis reprend, d'un ton plus sérieux :

– Où et quand sont les obsèques ?

– Aujourd'hui, au cimetière de Highgate à 16 h 20.

– Bon sang, il faut se dépêcher, dit Sherlock nerveusement. Je rangerai plus tard.

Puis il file dans sa chambre pour revêtir une tenue de rigueur.

Quelques dizaines de minutes plus tard, les deux hommes arrivent au cimetière. Une trentaine de personnes, toutes vêtues de noir, attendent à l'entrée l'arrivée du

corbillard. Holmes présente ses hommages à la récente veuve et dispose une fleur sur le beau cercueil en chêne. En proie à une certaine émotion, il ne peut s'empêcher d'avoir une oreille indiscrète et d'écouter les conversations des personnes présentes.

– Cela a dû être horrible pour sa femme, dit quelqu'un à voix basse. Vous imaginez, vous, rentrer chez vous après les courses et trouver votre mari mort dans le salon ?

– Je n'ose imaginer, et de cette façon, en plus ! Quelle horreur !

– Oui, qui aurait cru qu'un homme de ce caractère se suiciderait chez lui avec un 8 mm !

En entendant cela, Holmes fronce les sourcils et se dirige d'un pas décidé vers le cercueil. Sentant qu'un incident tragique va arriver, Watson se précipite à ses trousses en tentant de le rattraper. Mais à peine arrive-t-il à son niveau que Holmes a déjà fracturé les verrous et ouvert le cercueil. Instantanément, la veuve s'évanouit à la vue du corps de son mari.

– Mais enfin, Sherlock, qu'est-ce qui vous prend ? dit Watson sur un ton de reproche. Vous devenez fou ?

– Regardez Watson, dit Holmes en désignant le cadavre de Mark Boden.

– Je ne vois que ça, répond son ami avec un air de dégoût.

– Cet homme s'est suicidé avec son pistolet 8 mm de l'armée.

– Oui, ça se voit ! Seule une arme à feu a pu causer autant de dommages au crâne de ce pauvre homme. On voit très bien que la balle est ressortie du côté droit, dit Watson énervé.

Holmes attrape le haut du cercueil et le referme.

– Maintenant, ça suffit ! Cet homme a été assassiné !

Comment Holmes peut-il tirer cette conclusion ?

ENQUÊTE N°30

MIDI, MEURTRE EN MER

Holmes et Watson se sont octroyé quelques jours de congé. Cette fois-ci, au lieu de profiter de la campagne anglaise, ils ont décidé de s'offrir une petite croisière afin de découvrir les rives du Nil. Cela devrait leur assurer un dépaysement total.

Watson, appuyé à la balustrade du pont supérieur, regarde avec des yeux émerveillés les dunes et les quelques monuments égyptiens visibles, quand il est rejoint par Sherlock.

— Quelle civilisation incroyable que l'Égypte antique ! Je suis sûr que toutes ces terres et tout ce sable nous cachent encore bien des merveilles !

— Sans aucun doute, dit Holmes, pensif. Je suis moi-même à la recherche d'une tombe perdue depuis plus de deux mille ans. Une de mes connaissances, une égyptologue, Lady Carter, me transmet des comptes-rendus réguliers sur les avancées de ses travaux. Tout cela me fait rêver, mais je ne pense pas vivre assez longtemps pour trouver l'emplacement exact de la sépulture de ce pharaon et percer le secret de ce Toutankhamon.

— Qui ? demande Watson, qui entend ce nom pour la première fois.

Holmes n'a pas le temps de répondre, car le capitaine du navire vient à leur rencontre.

— Veuillez m'excuser de vous importuner messieurs, êtes-vous bien le célèbre détective Sherlock Holmes et son assistant, le docteur Watson ?

Holmes se tourne lentement vers le capitaine et lui dit :

— Effectivement capitaine. Et nous serions ravis de vous convier à notre table ce soir pour vous raconter quelques-unes de nos plus étonnantes affaires. Voyez-vous, actuellement, nous sommes…

— Il y a eu un vol dans l'une des cabines « prestige », coupe le capitaine. Je vous prie de bien vouloir vous occuper de cette enquête ; nous vous dédommagerons bien entendu pour votre effort.

Holmes reste de marbre quelques instants en fixant le capitaine, puis lui adresse un large sourire.

ENQUÊTE N°30

— Nous sommes vos obligés ! Emmenez-nous sur les lieux du délit.

— Bon, pour les vacances, c'est cuit ! maugrée Watson.

— Rien n'est perdu… un peu d'excitation supplémentaire ne peut pas nous faire de mal !

Les deux hommes suivent le capitaine jusqu'aux cabines de luxe, lesquelles leur paraissent fort spacieuses avec leurs grandes baies vitrées.

Quelques instants plus tard, ils entrent dans l'une de ces cabines, celle d'un professeur. Ils prennent soin d'enjamber les tessons de verre, provenant de la porte, qui jonchent le pont, par ailleurs fort bien lustré. À l'intérieur, c'est un chaos sans nom. Les matelas recouvrent le sol, la table basse est renversée, les étagères vidées de leur contenu. Tout est sens dessus dessous.

— Le voleur s'est introduit par la porte, c'est le seul accès possible. N'ayant pas la clef de la cabine, il a brisé le carreau pour ôter le verrou. Nous pouvons d'ores et déjà innocenter tout le personnel puisqu'ils ont tous la clef de chaque cabine !

— Ce n'est pas rassurant, lâche Watson !

— Qui occupe cette cabine ? demande Holmes, en ramassant un livre sur l'Égypte ancienne qui trempe dans une flaque de liquide brunâtre.

— C'est le professeur Leyton, un homme érudit qui profite de quelques semaines de vacances, tout comme vous le faisiez jusqu'à présent.

— C'est lui qui est venu à votre rencontre ? demande Watson.

— Tout à fait, il est actuellement dans mon bureau, un peu plus loin. Vous pouvez lui poser quelques questions si vous le désirez, mais il est un peu perturbé. La personne qui a pénétré dans sa suite lui a dérobé quelques bijoux ainsi qu'un manuscrit qu'il était en train d'écrire.

— Très bien, allons l'interroger, Watson.

Dans le bureau du capitaine de bord, Holmes et Watson questionnent l'homme sur la nature de son manuscrit et sur les bijoux dérobés. Il s'agit de deux montres anciennes qu'il transportait souvent en voyage, dans un petit coffre en bois peint. Pour ce qui est de l'ouvrage, c'est un essai sur les civilisations antiques et leur déclin. Il devait remettre le manuscrit à son éditeur à l'issue de cette croisière, ce qui lui semble fort compromis à présent. Il implore les deux hommes de remettre la main sur ses biens.

Il ajoute qu'hier, il a fait la rencontre d'une charmante personne, Lady Chastlin, au restaurant ; il l'a invitée à boire le thé dans sa cabine, et ils ont discuté quelque temps, puis elle s'est retirée dans la sienne. Ce qui l'étonne, c'est qu'ils s'étaient donné rendez-vous au restaurant ce midi, mais elle n'est pas venue.

— C'est limpide comme histoire, dit Watson. Capitaine, où est la cabine de Lady Chastlin ?

— Attendez que je regarde sur mes registres… pont inférieur, D6.

Watson, suivi par Holmes, descend les escaliers qui mènent au pont inférieur et parcourt les couloirs à la rechercher de la cabine D6. Il frappe à la porte. Pas de réponse. Holmes donne discrètement un coup d'œil autour de lui, puis sort une épingle de sa poche et déverrouille la porte.

À l'intérieur, une femme d'un certain âge est allongée sur son lit avec un gant humide sur le front et une bassine posée au sol à côté d'elle. À l'odeur, les deux hommes comprennent immédiatement que la passagère souffre d'un violent mal de mer. Ils quittent la cabine précipitamment.

— Bon sang ! s'exclame Holmes. Comment n'ai-je pas compris plus tôt ? Je déteste les vacances ! Cela ramollit mon cerveau.

Que vient de comprendre Holmes ?

ENQUÊTE N°31

BON APPÉTIT, BIEN SÛR !

C'est la panique chez les Brandswitch. Les fameuses pâtes bolognaises de Mlle Godcook, la cuisinière, n'arrivent pas. À bout de patience, M. Brandswitch et une partie de ses invités se dirigent vers la cuisine. Ils y découvrent Mlle Godcook sur le ventre, étendue sur le carrelage. Parmi les invités se trouve un certain John Watson.

– Que personne ne touche à rien, dit ce dernier, il faut absolument préserver la scène de crime. M. Brandswitch, connaissant l'affection que vous aviez pour Mlle Godcook, je ne peux pas vous placer parmi les suspects. Je vous prierais donc de me seconder et de bien vouloir rassembler tout le monde dans le salon.

M. Brandswitch s'exécute et invite ses hôtes à boire un remontant dans le petit salon. Pendant que les invités convergent vers le salon, Watson appelle son ami, l'inspecteur Lestrade, afin qu'il prenne en main cette triste affaire.

– C'est incroyable, dit Mme Lambert, ses petits plats étaient si délicieux. Qui a pu faire une chose pareille ?

– Nous allons tirer cela au clair, dit Watson en pénétrant dans la pièce. Mais je me dois de vous prévenir que le meurtrier est obligatoirement l'un des invités de M. Brandswitch. Nous devons donc…

Watson n'a pas fini sa phrase qu'un grand bruit retentit dans l'escalier. Tout le monde se précipite, Watson en tête, pour découvrir le doyen de la soirée, M. Anicott, qui semble avoir fait une mauvaise chute dans l'escalier.

– Tout va bien, M. Anicott ? demande Watson, légèrement suspicieux. Où étiez-vous donc ?

– Oui, ça va, répond l'homme en se relevant. Juste un peu sonné. J'étais aux toilettes, à l'étage. Désolé de vous avoir fait peur. Le repas est-il enfin servi ? demande-t-il d'une voix enjouée.

– Vous vous êtes fait mal ? dit M. Gaarden. Vous avez du sang à l'arrière de votre chemise.

– Oh, c'est ma femme qui va râler, répond M. Anicott. J'ai dû accrocher l'un de mes ongles dans la chute, ce n'est rien.

– Venez avec nous dans le salon, nous devons discuter, reprend Watson en lui frottant amicalement le dos.

En apprenant la nouvelle du décès de Mlle Godcook, le visage ouvert et souriant de M. Anicott laisse place à une pâleur et un sérieux que personne ne lui connaissait. Après quelques longues minutes passées à essayer de reconstituer le fil de la soirée, M. Brandswitch fait entrer l'inspecteur Lestrade qui vient tout juste d'arriver. Il se tourne vers Watson.

– Ah, vous êtes là, Watson, aux premières loges comme toujours. Avez-vous une idée de qui a pu commettre une telle horreur, ou faut-il que j'appelle Holmes ?

– Malheureusement, cher ami, j'ai trouvé le coupable. J'avais raison, c'est bien l'un des invités de M. Brandswitch.

Qui a tué la cuisinière ?

ENQUÊTE N°32

LE NOTAIRE DOIT SE TAIRE

— Où allons-nous ? demande Watson, tout en trottant aux côtés de Holmes qui marche d'un pas décidé.

– Chez maître Bergman, un notaire, répond le célèbre détective.

– Un notaire ? Mais pour quoi faire ? dit Watson de plus en plus essoufflé.

– Lisez ! répond sèchement Holmes, en lui tendant une lettre.

La missive est adressée à Holmes. L'expéditeur n'est autre que le notaire en question. Il semble persuadé que sa vie est menacée et demande l'aide de Holmes pour découvrir qui pourrait lui en vouloir.

Arrivé au cabinet notarial, Holmes toque à la porte avec insistance. La secrétaire, une dame d'une cinquantaine d'années aux cheveux tirés à quatre épingles, ouvre la porte.

– Bonjour messieurs, avez-vous rendez-vous ? demande-t-elle d'une voix stridente.

– On peut dire ça, répond Holmes en entrant dans le cabinet sans y être invité. Où est le bureau de Me Bergman ?

La femme, très surprise de l'attitude de Holmes, met quelques secondes avant de désigner du doigt une porte à la vitre opaque.

Holmes et Watson pénètrent dans le bureau et découvrent le corps sans vie du notaire.

– Trop tard ! lâche Holmes.

Un cri strident résonne dans la pièce : la secrétaire manque de s'évanouir, mais Watson la rattrape de justesse.

– Qui est venu ce matin rendre visite à Me Bergman ? demande Holmes en ne prêtant aucune attention au mal-être de la secrétaire.

– Je… personne, dit-elle en reprenant ses esprits, nous n'étions que tous

ENQUÊTE N°32

les deux ; il voulait finir quelques papiers importants. Il travaillait sur un héritage complexe et ne voulait manquer aucun détail.

– Regardez, dit Watson en désignant le tube de comprimés sur le bureau, il est vide. Il a dû en avaler une vingtaine. Me Bergman aurait-il mis fin à ses jours en avalant tous ces médicaments ?

– Cela me semble improbable, dit Holmes. Pourquoi m'aurait-il dit avoir peur pour sa vie si c'était pour se l'ôter lui-même ?

– Effectivement, répondit Watson. Mais je ne vois pas d'autre explication !

– Cela ne m'étonne guère, lâche Holmes sur un ton légèrement moqueur. Je vous le confirme néanmoins, Watson, Me Bergman a bien été assassiné.

Comment Holmes peut-il en être certain ?

JUSTICIERS NOCTURNES

Cette nuit, une grosse averse fait rage dans la campagne londonienne.

Holmes et Watson, invités chez le Dr Smith pour un week-end de dégustation de scotchs et de cigares, sont en pleine discussion avec leur hôte dans le grand salon. De la cheminée se dégage une douce chaleur dans la pièce et les trois hommes, décontractés, se plaisent à raconter leurs meilleures anecdotes. Watson est ravi de voir Sherlock aussi détendu. Il a eu raison de l'inviter à passer quelques jours de « retraite » avec lui. Se détacher un peu des enquêtes, des meurtres et des mystères lui fait le plus grand bien. La comtoise du salon sonne huit coups.

– Ah ! dit le Dr Smith, le souper doit être prêt. Passons à table, dans ce cas. Je crois que mon chef cuisinier a préparé quelque chose de spécial pour votre venue.

– Oh ! Quel honneur ! répond Holmes. Il ne fallait pas en faire autant.

– Ce n'est pas tous les jours que je reçois dans mon humble demeure des invités de marque tels que vous, s'exclame le Dr Smith. Je suis ravi que Watson ait réussi à vous convaincre de passer quelques jours ici. L'air y est plus frais qu'à la capitale

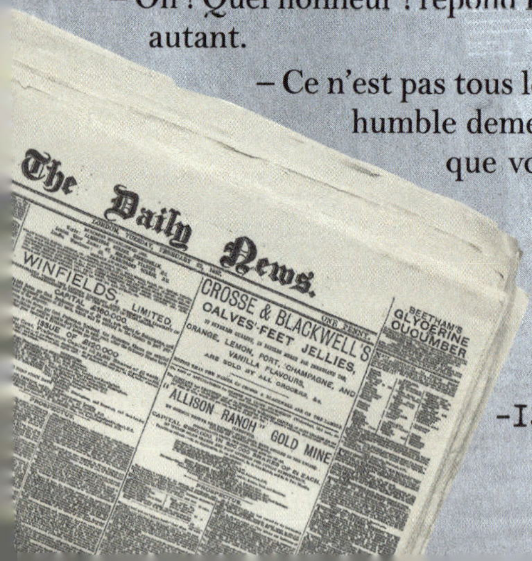

et la vie est nettement moins agitée ; on s'y fait très vite ! J'ai parlé de votre venue à certains de mes amis, qui voudraient écouter quelques-unes de vos histoires demain en prenant le thé, si cela ne vous dérange pas.

– J'en serai honoré, répond Holmes, ne perdant pas une occasion pour flatter son ego.

Les trois hommes dégustent leur délicieux repas, richement arrosé d'un bon vin – français, évidemment. Soudain, quelqu'un tambourine à la porte. Le majordome ouvre et découvre un homme à bout de souffle, trempé par la pluie.

– Je… je suis désolé de…

– Reprenez votre souffle, Peter, dit le Dr Smith. Entrez, asseyez-vous.

Puis il se tourne vers ses invités.

– C'est Peter, un voisin. Il habite à quatre cents mètres d'ici dans la maison basse. C'est un gentil garçon.

Watson, par déformation professionnelle, se place auprès de Peter pour tenter de l'apaiser et de lui faire reprendre son souffle correctement.

Après quelques minutes, le jeune homme respire de nouveau normalement, mais il semble terrorisé.

– Je… commence-t-il, j'ai vu quelqu'un tuer Sarah dans le champ, finit-il par dire d'une traite.

– Comment ? s'exclame le Dr Smith. Sarah, notre voisine ? Mais que faisait-elle à une heure pareille dans son champ ?

– Je… je ne sais pas, répond Peter, les yeux baissés. Elle devait peut-être rentrer chez elle, en coupant à travers champs pour gagner du temps.

– Qui est Sarah ? demande Holmes avec un ton neutre, un verre de vin à la main.

– C'est l'une de nos voisines. Peter a toujours eu un petit faible pour elle, ceci explique sans doute son état, répond le Dr Smith.

– Et vous, que faisiez-vous dehors ? demande Holmes suspicieux.

– Moi ? Je… je n'étais pas dehors, j'étais à table chez moi… Je buvais mon bouillon quand… quand je l'ai vue au milieu du champ, poursuivie par un homme. Je n'ai pas vu son visage. Il… il l'a attrapée par les cheveux, l'a envoyée au sol et s'est jeté sur elle. Je n'ai… j'étais tétanisé, mais après quelques instants, j'ai pris mon courage à deux mains, je suis sorti et j'ai couru dans leur direction.

Le Dr Smith apporte un verre de scotch au pauvre homme, qui semble avoir bien du mal à parler.

– Merci, dit-il en avalant le verre d'une traite. Ensuite, je… je l'ai vue pleine de sang, la robe à moitié déchirée. Elle ne bougeait plus, elle semblait dormir.

J'ai paniqué, je… j'ai couru ici. Docteur, elle a besoin de votre aide, elle…

Peter ne termine pas sa phrase et son regard est comme absorbé. Il fixe une partie du sol, les doigts agités.

– Il est en état de choc, dit Watson. Pauvre garçon ! Auriez-vous une couverture ? demande-t-il à son hôte. Il faudrait qu'il s'allonge un peu.

– Ne prenez pas trop d'égards avec lui, intervient Holmes, il aura tout le temps de s'allonger en prison.

– Pardon ? dit le Dr Smith, grandement étonné.

Pourquoi Holmes veut-il envoyer le jeune Peter en prison ?

ENQUÊTE N°34

LES AMANTS

C'est dans un silence religieux que Sherlock Holmes s'avance lentement vers la barre des témoins.

L'histoire se passe au Royal Courts of Justice, un majestueux édifice londonien qui accueille la Haute Cour de justice.

Sur le banc des accusés se tient M. Heinz, un riche propriétaire terrien. Il est accusé par sa fille Élisabeth d'avoir assassiné son amant et dissimulé le corps.

— M. Holmes, vous êtes ici en tant que représentant de Mademoiselle Élisabeth Heinz, qui vous a chargé de raconter son histoire. Veuillez parler de façon claire et précise.

— Évidemment, madame la juge ! dit-il d'un ton narquois. Voici son histoire : la comtoise du salon sonna deux coups. C'était l'heure ! Dans le plus grand silence, Élisabeth se leva de son lit, alluma sa petite lampe à pétrole et sortit du placard un tas de draps qu'elle noua soigneusement pour former une longue corde de tissu. Elle entrouvrit sa fenêtre, écarta les volets, attacha l'extrémité des draps à la rambarde et lança le reste à l'extérieur.

Elle se dépêcha ensuite de retourner sous sa couette, en fixant la fenêtre avec un petit sourire au coin des lèvres. Quelques secondes

plus tard, un jeune et beau gentleman apparut et enjamba la rambarde. Tout en refermant la fenêtre, il se déchaussa, ôta sa veste et se glissa sous la couette de la jeune femme, qui gloussait de bonheur d'avoir retrouvé son amant.

Holmes boit une gorgée d'eau et reprend son histoire.

— Les gloussements et chuchotements qu'émirent les deux amoureux parvinrent aux oreilles du père d'Élisabeth et le sortirent de son sommeil léger. D'un bond, il se leva du lit et se dirigea vers la chambre de sa fille. Sans prendre la peine de frapper à la porte, il pénétra dans la pièce et découvrit les deux jeunes gens. Élisabeth hurla et se plaça devant son ami pour le protéger de la rage de son père, mais elle reçut une violente gifle et l'ordre de quitter immédiatement la pièce, car son père voulait s'expliquer d'homme à homme avec celui qui avait osé se glisser dans les draps de sa fille sans son consentement. Élisabeth n'eut d'autre choix que de sortir de sa chambre et de courir se réfugier, en pleurant, auprès de sa mère, venue voir l'origine de tout ce tapage.

ENQUÊTE N°34

La porte claqua, une forte dispute s'ensuivit. Des cris de colère émanèrent de la chambre d'Élisabeth. Elle entendit des pas lourds, des coups contre les murs, des hurlements, un bruit sourd, puis plus rien. Un silence s'installa dans la maison, pesant et inquiétant. Élisabeth se libéra de l'étreinte de sa mère et retourna dans sa chambre. Elle y découvrit son père, seul, devant la fenêtre entrouverte. Elle se précipita pour regarder dehors et découvrit, horrifiée, le corps de son amant sans vie, quelques mètres plus bas, étalé sur l'échelle de fortune qu'elle avait fabriquée quelques minutes plus tôt. La jeune femme poussa un hurlement de douleur, frappa le torse de son père à coups de poing puis s'écroula dans la chambre, évanouie.

— Monsieur Heinz, le témoignage de M. Holmes est-il exact ? N'oubliez pas que vous devez répondre en toute honnêteté, dit la juge.

— Tout à fait, votre honneur, répond l'homme. J'ajouterai qu'après l'avoir délicatement remise dans son lit, ma femme et moi sommes retournés nous coucher comme si rien ne s'était passé.

— Un homme venait de mourir, tout de même ! C'est un comportement étrange, affirme la juge.

— Nous ne pouvions rien faire de plus pour lui et ce n'était pas quelqu'un de bonne famille. Nous avons préféré finir notre nuit plutôt que de réfléchir à son cas.

Dans la salle d'audience, des bruits de stupéfaction retentissent.

— Monsieur Holmes, avez-vous autre chose à rajouter ?

— Tout à fait, madame la juge. Voici donc la suite de l'histoire. Au petit matin, alors qu'une alouette sifflait gaiement, Élisabeth se réveilla en sursaut, espérant que tout ceci ne fut qu'un cauchemar. Malheureusement, en croisant le regard de son père, elle comprit que toute cette horreur était bien réelle. Elle découvrit en parlant avec lui que ce dernier n'avait pas appelé la police, que tout cela n'était pour lui qu'un regrettable accident : son prétendant avait voulu fuir par où il était venu et pendant sa descente, le nœud attaché à la rambarde avait lâché et il était tombé, se tuant sur le coup. La tombe qu'il avait improvisée au fond du jardin lui semblait suffisante pour un goujat tel que lui et il l'avertit qu'elle ferait bien d'oublier toute cette histoire, car le trou qu'il avait creusé était assez grand pour deux.

— J'ai peut-être été un peu virulent dans mes propos, je ne…

— Il suffit, M. Heinz ! Vous n'avez pas la parole. Ne dites pas un mot de plus. M. Holmes, poursuivez, je vous prie.

— Folle d'angoisse et de colère, Élisabeth s'enfuit de la maison. Persuadée que son père avait volontairement tué son amant, elle erra dans les rues de Londres, bien décidée à venger la mort de feu son bien-aimé. Réfléchissant à toutes sortes de représailles, elle décida finalement de s'adresser à un détective pour évoquer toutes ces possibilités. Et c'est au 221B Baker Street – chez moi – qu'elle sonna. Après m'avoir raconté toute l'histoire, je lui ai conseillé de dénoncer son père aux autorités et je me retrouve ici, à parler à sa place, car la pauvre femme en est incapable.

221 B Baker Street
London Nw1
SHERLOCK HOLMES
Consulting Detective

— Merci pour ce témoignage, M. Holmes. Je vais devoir délibérer ; les éléments sont minces et rien ne prouve clairement la culpabilité de l'accusé.

— Pardonnez ? s'écria Holmes en lançant un regard glaçant à la juge. C'est pourtant clair comme de l'eau de roche : il est coupable !

Comment Holmes peut-il être aussi sûr de lui ?

ENQUÊTE N°35

GALERIE D'ART

Sherlock Holmes et John Watson viennent d'arriver à la célèbre galerie d'art, la Whitechapel Gallery. Le responsable, M. Puddling, un ami de Holmes, les a sollicités car la galerie a été cambriolée pendant la nuit.

– Ce qui est étonnant, c'est que la porte d'entrée n'a pas été fracturée, souligne Watson en pénétrant dans l'édifice.

– Et que l'alarme a été désactivée ! complète M. Puddling. C'est obligatoirement quelqu'un de la maison.

– Nous dcvons interroger tous les employés, dit Holmes. À quelle heure commencent-ils leur journée ?

– Vers 9 heures, ils ne vont pas tarder à arriver. Je n'ai pas voulu les contacter avant votre venue.

– Vous avez bien fait, mon ami.

Quelques minutes plus tard, Watson et Holmes aperçoivent les trois employés à l'extérieur de la galerie.

– Oh mon dieu, mais c'est affreux ! s'écrit Mlle Gerfind en arrivant. J'espère que les voleurs n'ont pas commis d'actes de vandalisme ! Les œuvres exposées ici sont toutes plus belles les unes que les autres. Permettez, je voudrais voir l'ampleur des dégâts.

– Un vol ? En pleine nuit ? Le quartier devient de moins en moins sûr ! s'exclame M. Kuler. Pourtant j'avais prévenu M. Puddling à de nombreuses reprises, son coffre était trop vieux et facilement crochetable. De plus, une alarme ne suffit pas de nos jours, il faut un gardien de nuit. Évidemment, ça coûte plus cher, donc il n'a jamais voulu. Quel drame !

ENQUÊTE N°35

– Mince, dit simplement M. Grobin. Cela devait arriver un jour où l'autre, c'est le genre d'endroit qui attise la convoitise. Les collectionneurs sont prêts à tout de nos jours, pour mettre la main sur un original. J'espère que cela n'aura pas trop d'impact sur la réputation de la galerie.

Les trois employés pénètrent dans les locaux.

– Croyez-vous vraiment que ce soit l'un d'eux qui a fait le coup ? demande Watson.

– Je ne le crois pas, répond Holmes, j'en suis certain.

Qui est à l'origine du cambriolage ?

SOLUTIONS

Enquête 1 : Selon toute vraisemblance, le voleur serait passé par la fenêtre du bureau de Lestrade. Mais comme l'inspecteur l'a constaté, la pièce était impeccable. L'agent B-35 dit avoir ramassé des bouts de verre dans la rue, sans aucun doute ceux de la fenêtre. Si les débris étaient dehors, c'est que la fenêtre a été cassée de l'intérieur. Vu le travail abattu par l'agent B-72, il est hors de cause. Cependant, l'agent B-24 est l'auteur du vol ou le complice du voleur, qu'il a pu faire entrer dans le commissariat.

Enquête 2 : Lord Brigston détestait sa bonne. Il a tout simplement décidé de la supprimer en l'électrocutant. Hier soir, il y a eu de fortes pluies, comme en témoigne le terrain boueux à l'extérieur de la demeure du lord. Il a profité de l'absence de sa bonne, qui était partie vérifier les fenêtres, pour percer le seau qu'elle utilisait pour récupérer l'eau de pluie qui coulait du toit dans la chambre, et pour dénuder l'un des fils branchés sur le courant. L'eau, qui s'est ensuite accumulée dans le seau, a commencé à se répandre au sol. La bonne, qui était pieds nus car elle ne pouvait pas monter avec ses chaussures, a été électrocutée. La matinée étant clémente et la chambre étant sous les toits, l'eau s'est évaporée rapidement, ne laissant aucune trace au sol.

Enquête 3 : La première voisine que Lestrade et Watson interrogent ne leur laisse pas le temps de poser la moindre question. Cependant, en essayant d'étourdir les deux enquêteurs avec son débit de phrases interminables, elle s'est trahie en commettant une erreur ! Elle affirme avoir regardé la Grande Ourse et la constellation du Centaure, mais cette dernière n'est visible que depuis l'hémisphère Sud et, jusqu'à preuve du contraire, Londres se trouve dans l'hémisphère Nord ! Elle n'a pas dû passer beaucoup de temps la tête dans les nuages, mais plutôt chez son voisin en son absence.

Enquête 4 : D'après les analyses morphologiques de Holmes, le père pèse 98 kg. Lors de la fuite dans le tunnel, il a été le dernier à passer sur la planche, qui a cédé sous son poids. Comme aucun lingot n'a été retrouvé et que le père était inconscient, il est clair qu'il n'en avait pas pris. La mère pèse 57 kg. Elle n'a pu prendre que deux lingots, soit 24,8 kg

supplémentaires. Si elle en avait pris un de plus, son poids aurait dépassé celui de son mari et la planche se serait effondrée. Même raisonnement avec le fils, qui pèse 74 kg. Il n'a pas pu prendre plus d'un lingot, sans quoi il aurait fini au fond du trou. La fille, dont on apprend le poids dans le journal, est chétive et n'a pu prendre qu'un seul lingot. Au total, la famille a dérobé quatre lingots qu'elle a soigneusement cachés avant de se faire arrêter. Il n'y a aucune preuve de vol… mais dommage pour eux, Holmes et Watson se sont mêlés de l'affaire !

Enquête 5 : Watson a toutes les raisons d'être en colère, car il semble que le dossier qu'il étudie depuis des heures soit totalement bidon ! Quand on met les noms des suspects bout à bout, on obtient : Jevou - Zaibhi - Ainh Hu. Ce qui donne phonétiquement : « Je vous ai bien eu ». Tout ceci n'est qu'une mascarade pour que Watson ne profite pas de sa journée avec sa charmante amie. Sherlock aurait-il peur d'être délaissé au profit d'une femme ?

Enquête 6 : En passant devant la chambre de Lady Wendwall, Mlle Johnson a regardé l'heure sur la comtoise via son reflet dans le miroir surmontant la cheminée. Elle a cru qu'il était 13 heures alors qu'en réalité il n'était que 11 heures. Elle a donc administré une dose de laudanum à Lady Wendwall seulement deux heures après la précédente, provoquant, de ce fait, une overdose. Un malheureux accident.

Enquête 7 : Une boisson ou un cocktail « on the rocks » est une boisson servie avec des glaçons. Francky Robin a été empoisonné. Le serveur est l'assassin ou le complice du meurtrier, car le poison était dans les glaçons. Lors de la première gorgée, ceux-ci n'avaient pas eu le temps de fondre, mais au bout de quelques minutes, le poison s'est répandu dans le verre et a tué le pauvre homme en quelques secondes.

Enquête 8 : Mme Groven était au téléphone avec son mari quand elle a perdu le contact avec lui. Mais quand les secours sont arrivés sur les lieux, le téléphone était raccroché sur sa base, posée sur le bureau. Quelqu'un a donc tué M. Groven, puis a raccroché instinctivement le téléphone. Il ne reste plus qu'à découvrir de qui il s'agit !

SOLUTIONS

Enquête 9 : Quand les membres de la famille donnent leurs alibis, l'aîné des garçons explique qu'il était sous des couvertures en train d'écouter la radio avec son frère. Or l'électricité était coupée au moment du meurtre. Il n'a donc pas pu écouter la radio. Il est sans doute à l'origine du meurtre de sa tante. Quant à savoir si son petit frère ou un autre membre de la famille l'a aidé, un interrogatoire plus poussé pourra nous le dire.

Enquête 10 : L'étrangleur force ses victimes à écrire une lettre d'adieu. Selon les dires de la survivante, il attrape la main droite des victimes pour les forcer à écrire. Cela implique qu'il est droitier. La survivante a réussi à lui planter dans la main le couteau qu'il tenait dans la main gauche. Parmi les trois suspects qui se sont rendus à l'hôpital pour une blessure à la main, le premier est innocent car il a un cheveu sur la langue ; c'est un détail que la victime aurait signalé. Le deuxième est peiné de devoir mettre sa montre sur le poignet de la main avec laquelle il écrit, il est donc gaucher. Par élimination, le dernier suspect est le fameux étrangleur de Londres.

Enquête 11 : Nicola Porty a voulu se débarrasser de John Fone pour lui dérober son invention et devenir riche. Pour cela, il a fabriqué une fausse preuve. La bande-son laisse en effet entendre 3 coups de feu. S'il y a bien eu effectivement 3 coups tirés, seuls 2 d'entre eux ont atteint leur cible, et le troisième est venu se loger dans l'un des vases posés sur la cheminée, qui a volé en éclats. Or, sur l'enregistrement, il n'y a aucun bruit de vase qui se brise. M. Porty a donc créé la bande-son avant le drame, voulant faire accuser la bonne, Mlle Scopi, en imitant ses déplacements avec des chaussures à talons. Malheureusement pour lui, il a certainement perdu son sang-froid au moment du meurtre et l'un de ses tirs n'a pas atteint sa cible. Il n'a pas eu le temps de refaire l'enregistrement, les coups de feu ayant attiré Mlle Scopi, qui s'est empressée d'appeler les inspecteurs en découvrant le corps. M. Porty a juste eu le temps de quitter les lieux avant de revenir, un peu plus tard, l'air innocent.

Enquête 12 : Quand Watson sort de la boutique par le trou béant dans la vitrine de la bijouterie, il fait attention de ne pas glisser sur le verre brisé répandu sur la chaussée. Si le verre est à l'extérieur, c'est que la vitrine a été brisée de l'intérieur. Le responsable du vol n'est autre que le propriétaire de la bijouterie, qui souhaite arnaquer son assurance. C'est sans doute pour cela qu'il veut faire réparer sa devanture au plus vite ! Il a sûrement réalisé son erreur.

Enquête 13 : Malgré toutes les suspicions que peuvent avoir Lestrade et Watson, ils n'ont pas remarqué que seule Lady Hannah semble connaître la façon dont le commissaire a été tué. Sachant qu'elle n'a pas pu obtenir cette information dans la presse, c'est qu'elle était sur place au moment du meurtre.

Enquête 14 : La femme n'a pas pu entendre son mari crier alors qu'il se faisait trancher la gorge, c'est elle la meurtrière.

Enquête 15 : M. Cabot est un meurtrier et un piètre menteur. Il affirme avoir apporté un verre d'eau à Mme Bertille, mais lors de la découverte du corps, il n'y avait de verre ni sur la table ni au sol. Holmes va avoir besoin de quelques minutes supplémentaires pour connaître la façon dont il a assassiné la pauvre dame, mais la culpabilité de M. Cabot ne fait aucun doute.

Enquête 16 : Quand Watson insère la clef dans la serrure, on entend un son métallique sur le parquet de la pièce fermée. C'est la clef qui était restée dans la serrure. Le propriétaire, Lord Chaulain, s'est enfermé lui-même dans son bureau, prétextant un vol, le tout pour frauder l'assurance ! C'est pour cela qu'il a rapidement fermé la porte quand Watson l'a « libéré » : il ne voulait pas que les détectives voient la clef qui était tombée.

Enquête 17 : Sherlock va très vite se rendre compte que, même si la Tamise regorge de poissons d'eau douce et parfois d'eau de mer quelques kilomètres après son embouchure, la ville de Richmond est assez reculée pour n'avoir que des poissons d'eau douce. Or le mérou ne se trouve que dans les eaux salées. L'effroyable tueur de la Tamise est bien face à eux.

SOLUTIONS

Enquête 18 : La disparition d'un enfant est une situation très angoissante. Si l'homme avait été un fumeur, il aurait sans doute enchaîné les cigarettes, mais il n'en a pas fumé une seule. Ce n'est pas un fumeur. Alors pourquoi la femme a-t-elle dit être partie faire graver un étui à cigarettes pour son mari ? Il y a quelque chose d'étrange et Holmes l'a bien compris.

Enquête 19 : Dans sa déclaration, Mme Hargreaves indique qu'elle a quitté la pièce précipitamment après la chute de son mari. Or, si l'on y regarde de plus près, l'encrier et l'unique plume sont parfaitement bien rangés alors que George est censé être mort pendant qu'il rédigeait quelque chose. Sa femme a mis en scène la mort de son mari, qu'elle a certainement empoisonné avec son thé. Peut-être en avait-elle assez de faire partie des meubles…

Enquête 20 : Le cadet de la fratrie leur montre une photo du Parlement sur laquelle figure l'heure supposée du crime. Selon toute vraisemblance, il ne pouvait être à deux endroits en même temps. Mais ce qui n'a pas échappé à Sherlock, c'est que la photo a été prise du pont de Westminster. Dans ce cas, la photo est plein ouest. Comme le soleil est dans le cadre, cela veut dire que c'est un soleil couchant et non levant. Il était 21 h 15, la photo a sans doute été prise la veille. C'est un alibi prémédité pour un meurtre prémédité.

Enquête 21 : Dans les journaux, il n'est pas mentionné la façon dont le juge a été tué. Or, le jardinier sait qu'il a été étouffé : il est sans aucun doute le tueur. Il devait avoir un sacré grief contre son patron pour agir de la sorte.

Enquête 22 : Le professeur Sir Tifikat est tout sauf un expert en peinture. Quand Watson lui parle d'une œuvre délicate qui aurait pu être abîmée par le transport, il cite le titre d'une œuvre de Manet et non de Monet. Le professeur est soit un faussaire, soit un complice du voleur des tableaux de Monet. Quoi qu'il en soit, les trois tableaux retrouvés et accrochés au mur sont des faux !

Enquête 23 : Le visiteur 3 est la seule personne à être passée dans la salle des vieux documents et à posséder un accessoire lui permettant de transporter le parchemin en le roulant : sa canne. Holmes ne mettra pas longtemps à comprendre cela, et la poursuite dans les rues de Londres sera lancée dans les plus brefs délais.

Enquête 24 : La coupure de courant a eu lieu entre 16 h 15 et 16 h 30. Le responsable des ventes a croisé M. Hasting avant de prendre son thé, donc avant 16 heures. Hasting est donc innocent. Selon les dires de M. Potter, Mme Johnson jouait pendant la coupure de courant, elle ne peut donc pas être coupable. M. Potter étant en bras de chemise, il n'a pu cacher le sceptre nulle part. S'il l'avait caché dans sa veste au premier étage, il n'aurait pas attendu qu'un officier de police la lui rapporte. Ils sont donc tous les deux également innocents. Les soupçons de Holmes se posent par conséquent sur le responsable des ventes qui a accueilli les détectives un parapluie à la main, alors que la journée est très ensoleillée. Il a dû glisser le sceptre entre les baleines et comptait s'éclipser avec cet objet de collection.

Enquête 25 : En observant la scène de crime, Holmes a immédiatement décelé la supercherie des deux hommes. Sur leur échiquier, les fous du joueur qui a les blancs sont tous deux posés sur des cases blanches, ce qui est impossible : aux échecs, les fous se jouent sur des couleurs de cases différentes. Il n'y a jamais eu de femme en rouge et les deux hommes ne sont pas de vrais joueurs d'échecs ; ce n'est que la couverture des deux assassins.

Enquête 26 : Quand Dany Dubridge joue aux échecs avec Sherlock Holmes et qu'il déplace son fou de B5 en E5, il réalise un déplacement latéral, ce qui est impossible pour cette pièce d'échecs qui ne peut aller qu'en diagonale. En faisant ce coup, celui qui se fait passer pour Dubridge, un champion d'échecs, grille sa couverture. Il est venu chez Sherlock Holmes pour voler le trophée de grande valeur avant que son véritable propriétaire ne le récupère.

SOLUTIONS

Enquête 27 : Toute l'histoire de James est fort intéressante, mais avez-vous déjà essayé de cacher quelque chose entre les pages 15 et 16 d'un livre ?

Enquête 28 : John présente les tickets de théâtre comme alibi, mais on peut distinguer que le coupon détachable, valant comme preuve d'utilisation, est toujours présent. Il n'est pas allé au théâtre, mais a pris le soin de préparer son alibi.

Enquête 29 : Le brave homme a survécu à une terrible guerre, dans laquelle il a perdu sa main gauche. Or, en regardant dans le cercueil, Watson décrit que la balle est ressortie à droite, ce qui signifie que le pistolet devait être sur sa tempe gauche. Étant donné sa blessure, il est impossible que cet homme se soit suicidé avec son pistolet, car il aurait fait feu en mettant l'arme sur sa tempe droite.

Enquête 30 : En entrant dans la cabine du professeur, les deux hommes doivent enjamber du verre répandu sur le pont, qui provient de la vitre de la porte. Mais pour qu'il se retrouve sur le pont, le verre a été brisé de l'intérieur, ce qui signifie qu'on a voulu faire croire à un vol. C'est sûrement le professeur qui a cassé sa fenêtre et mis sa cabine sens dessus dessous. Il avait sans doute du mal à rédiger son manuscrit et n'a trouvé que ce stratagème pour s'en sortir.

Enquête 31 : M. Anicott n'était pas allé aux toilettes, mais il s'était caché dans une pièce attenante, peut-être pour reprendre ses esprits après le meurtre qu'il a commis. La « tache de sang » qu'il a dans le dos n'est sans doute qu'une tache de sauce bolonaise qu'il a dû se faire en assommant la cuisinière.

Enquête 32 : Si Me Bergman s'était suicidé en avalant le contenu du tube, il aurait dû boire quelque chose pour avaler la vingtaine de comprimés. Or, sur le bureau ou dans la pièce, il n'y a aucune trace d'un quelconque verre ou récipient dans lequel il aurait pu boire. Il s'agit donc d'une mise en scène. La secrétaire est soit la meurtrière soit la complice, car elle a affirmé que personne n'était venu rendre visite à Me Bergman ce jour.

Enquête 33 : Il fait nuit et il y a une grosse averse. Il est donc impossible que Peter ait vu Sarah passer à travers champs, une zone non éclairée, alors qu'il se trouvait à l'intérieur. Il est sans aucun doute l'agresseur.

Enquête 34 : Si le jeune homme était réellement tombé de l'échelle de draps, comme le prétend le père, elle serait tombée sur lui lors de sa chute. Or, quand Élisabeth regarde par la fenêtre, tous les draps sont sous le corps du jeune homme. Le père a dû tuer le prétendant dans la chambre, volontairement ou non, a détaché les draps de la rambarde puis a fait basculer le corps par-dessus pour dissimuler son crime.

Enquête 35 : À première vue, aucune œuvre ne semble avoir été dérobée, seul le coffre-fort a été forcé. M. Kuler ne pouvait être au courant de ce détail qu'en étant le responsable du cambriolage.

Achevé d'imprimer par EGEDSA en Espagne
Dépôt légal : septembre 2021 - 328730/01
N° de projet : 11047432 - septembre 2021